吉林省科技发展计划技术攻关项目：高铁列车轮对智能选配□□□
吉林省科技发展计划技术攻关项目：高铁列车轮对拆解在线检测关键技术研究
吉林省科技创新中心项目：吉林省高端装备智能制造技术科技创新中心
吉林省自然科学基金（联合基金）项目：高铁轮对几何参数检测及智能输送机制研究

铁道客车关键零部件制造工艺技术

张爽　刘孝峰　著

吉林大学出版社

·长春·

图书在版编目（CIP）数据

铁道客车关键零部件制造工艺技术 / 张爽, 刘孝峰
著. -- 长春：吉林大学出版社, 2021.3
ISBN 978-7-5692-9690-7

Ⅰ.①铁… Ⅱ.①张… ②刘… Ⅲ.①旅客列车服务
车—零部件—制造工艺 Ⅳ.①U271

中国版本图书馆CIP数据核字(2021)第252453号

书　　　名：铁道客车关键零部件制造工艺技术
　　　　　　TIEDAO KECHE GUANJIAN LINGBUJIAN ZHIZAO GONGYI JISHU

作　　　者：张　爽　刘孝峰　著
策划编辑：李承章
责任编辑：高欣宇
责任校对：王　蕾
装帧设计：云思博雅
出版发行：吉林大学出版社
社　　　址：长春市人民大街4059号
邮政编码：130021
发行电话：0431-89580028/29/21
网　　　址：http://www.jlup.com.cn
电子邮箱：jldxcbs@sina.com
印　　　刷：广东虎彩云印刷有限公司
开　　　本：787mm×1092mm　　1/16
印　　　张：12.75
字　　　数：268千字
版　　　次：2021年3月　第1版
印　　　次：2021年3月　第1次
书　　　号：ISBN 978-7-5692-9690-7
定　　　价：79.00元

前　　言

本书结合吉林省科技发展计划技术攻关项目、吉林省科技创新中心项目和吉林省自然科学基金（联合基金）项目完成。项目名称分别为：高铁列车轮对智能选配系统关键技术研究、高铁列车轮对拆解在线检测关键技术研究、吉林省高端装备智能制造技术科技创新中心和高铁轮对几何参数检测及智能输送机制研究。

本书阐述了铁道客车关键零部件的制造工艺技术，以铁道客车的转向架和车体为具体对象，首先阐述了转向架和车体组成，然后分别介绍其组成构架、车轮、车轴的加工工艺技术，再次介绍轮对镟修加工工艺技术，转向架组成装配工艺技术，车体加工工艺技术；最后介绍了铁道客车的关键零部件的非接触检测技术，包括对车轴、轮对、转向架的尺寸检测和车轴表面微小划痕的检测。

本书章节安排如下：

第 1 章——铁道客车关键零部件概述；

第 2 章——构架组成加工工艺技术；

第 3 章——轮轴加工工艺技术；

第 4 章——轮对镟修加工工艺技术；

第 5 章——转向架组成装配工艺技术；

第 6 章——铝合金车体加工工艺技术；

第 7 章——关键零部件非接触检测技术。

目　　录

第 1 章　铁道客车关键零部件概述

　　铁道客车车辆从整体外观结构上主要分为上体（车体组成）和下体（转向架组成）两个部分，如图 1.1 所示。车体组成是铁道客车的车厢部分，是供旅客乘坐的地方。同时还要承载铁路客车牵引、制动等控制系统，是铁道客车车辆上重要的部件之一；转向架组成是铁道客车的走行部分，是直接承载车体组成重量并能相对车体组成回转的一种在铁道钢轨上高速走行的装置，是铁道客车车辆上最重要的部件之一。由于车体组成和转向架组成具有产品结构复杂、制造工艺流程及生产周期长、产品质量要求高等特征，是决定铁道客车车辆整体生产制造能力和将来能否稳定安全运行的关键，因此几乎每个铁道客车主机厂都拥有较强的车体组成和转向架组成的生产制造能力。

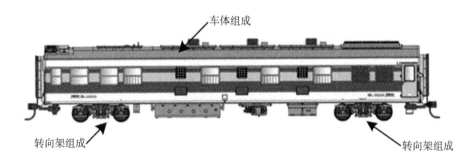

图 1.1　铁路客车车辆组成示意图

1.1　铁道客车转向架组成

　　铁道客车转向架种类主要有普通转向架、城铁转向架、动车组转向架等，转向架组成按有无齿轮箱及驱动装置分为动车转向架组成和拖车转向架组成，如图 1.2、1.3 所示。一般转向架组成主要由动车或拖车构架、基础制动装置、中央牵引装置、一系悬挂装置、二系悬挂装置、驱动装置（动车转向架）、辅助装置（天线安装支架等）、轮对轴箱装置（动车轮对带齿轮箱装置）等构成，转向架制造一般主要工艺流程如图 1.4 所示，主要包括加工、焊接、探伤、涂装、组装、试验等工序，目前各个铁道客车主机制造厂的转向架关键零部件制造主要集中在构架、轮对生产制造中。构架是转向架组成的基础，一般主要是由侧梁、横梁等零部件先加工（根据需要）再组焊而成的 H 形结构（图 1.5 所示）。侧梁一般主要是由盖板、立板等钢板零部件先加工再组焊而成的箱型结构（图 1.6 所示），构架材料主要采用低合金钢 Q235、Q345 和耐候结构钢 S355J2G3、S355J2W＋N 等，构架制造主要工艺流程由原材料下料、折弯、单件加工、部件焊接、部件加工、构架组焊、抛丸、探伤、构架加工、构架涂装等工序组成，构架涂装后进行构架组成装配（主要包括基础制动装置、中央牵引装置、一系悬挂装置、二系悬挂装置、驱动装置、辅助装置等零部件的装配）。轮对组成一般主要是由车轴、车轮等零部件先加工再组装而成并能直接作用在铁道钢轨上旋转走行的关键部件，轮对种类根据是否带齿轮箱主要分为拖车轮对（图 1.7 所示）、动车轮对（带齿轮箱，图 1.8 所示）两种。车轴材料一般有车轴钢 LZ50（铁标 TB/T2945）、车轴钢-JZ（铁标 TB/T1027）、EA4T（欧标 EN13261）等，车轮材料一般有车轮钢-CL60（铁标 TB/T2817）、ER8（欧标 EN13262）等，轮对制造主要工艺流程由车轴加工、车轮加工、动车车轴齿轮箱组装、轮对冷压装或热装、轮对涂装、轮对轴端轴承轴箱组装、轮对跑合试验等工序组成。

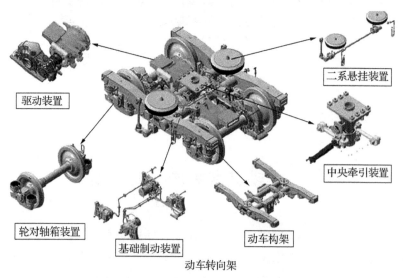

图 1.2　动车转向架组成示意图

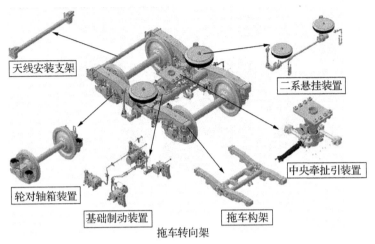

图 1.3　拖车转向架组成示意图

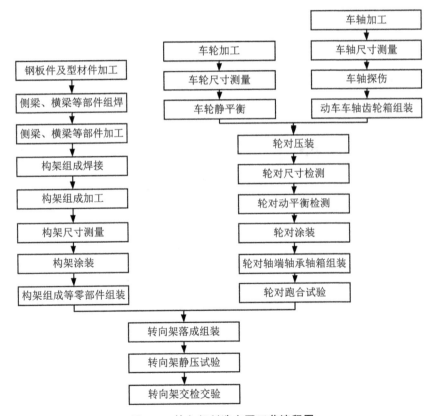

图 1.4　转向架制造主要工艺流程图

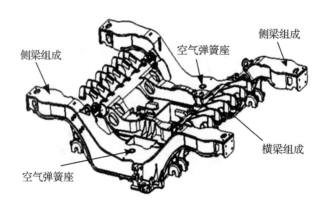

图 1.5 构架组成示意图

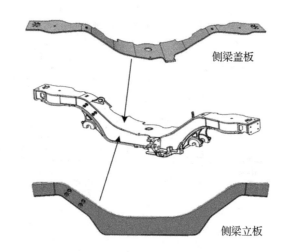

图 1.6 侧梁组成示意图

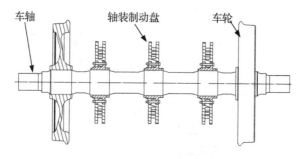

图 1.7 拖车轮对组成示意图

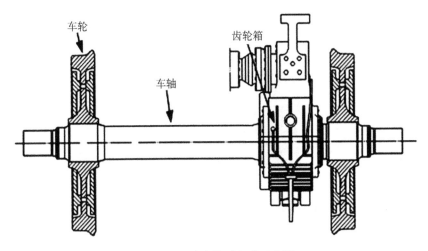

图 1.8　动车轮对组成示意图

1.2　铁道客车车体组成

铁道客车车体组成一般由图 1.9 所示的端墙（车体两端各 1 个）、侧墙（车体两侧各 1 个）、底架、车顶等构成，该车体一般根据制造材料不同分为碳钢车体、不锈钢车体和铝合金车体等。碳钢车体主要用于普通铁道客车车辆上，使用的材质主要有 09CuPCrNi-B、05CuPCrNi、耐候板 B480GNQR 等；不锈钢车体主要用于城铁车辆上，使用的材质主要为 SUS301L 和 SUS304L 系列不锈钢，底架等关键部位采用耐候结构钢或低合金高强钢等。铝合金车体具有质量轻、耐腐蚀、外观平整度好、材料可再生利用、环保等优点，目前在动车组和城铁车辆上广泛应用，铝合金车体一般采用 6005A、6082、5083 等铝合金中空挤压型材或铝合金板材组焊而成的，由于铝合金型材受本身中空、多筋结构、熔点低及受热易变形等特性的限制，因此铝合金车体零部件基本均需要冷加工完成。车体制造主要工艺流程一般由原材料下料、折弯、单件加工、部件组焊、部件加工、车体组焊、车体涂装等工序组成，车体涂装后进行车体组成装配（主要包括制动系统、牵引系统、电气系统、空调系统、内饰等零部件的装配）。

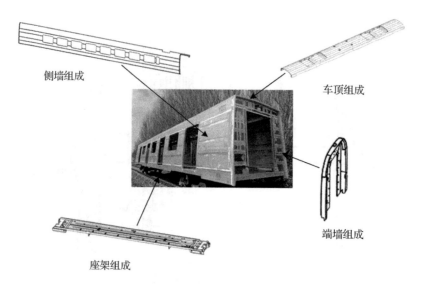

側墙组成

车顶组成

端墙组成

座架组成

图 1.9 车体组成示意图

　　为了充分提高上述各种铁道客车关键零部件制造能力及水平，各个铁道客车主机制造厂一直在不断地研究开发新的制造工艺技术，本书主要介绍铁道客车关键零部件的转向架组成（包括构架组成、轮对组成）和铝合金车体生产中现有的加工及装配制造工艺技术，为下一步研发各种全新制造工艺提供参考，其中切削加工标准执行 JB/T9168.1－1998《切削加工通用工艺守则　总则》。本书还介绍了铁道客车关键零部件的非接触检测技术。

第 2 章 构架组成加工工艺技术

构架组成（简称构架）加工主要包括是将整体组焊好的构架对其各个装配表面及眼孔通过机械加工方法保证设计产品图纸尺寸精度及装配要求的一种工艺技术。构架加工存在焊接易变形、加工面及眼孔多、加工时间较长、加工精度要求较高等特点，有的构架需要正反两面二次装夹加工完成，构架根据设计产品结构的不同，构架的尺寸规格（一般铁道客车构架最大尺寸规格，长×宽×高约为 3 600 mm×2 950 mm×750 mm）、加工内容及要求是不一样的，但加工的方式方法基本上都是大同小异。构架加工的主要工艺流程如图 2.1 所示，现就目前正在应用的构架加工工艺做简要说明。

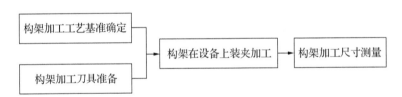

图 2.1 构架加工主要工艺流程图

2.1 构架加工工艺基准确定

构架加工前必须事先确定好其纵向、横向和垂向工艺基准（一种可以使用的定位基准），该工艺基准是根据构架设计基准（产品图纸上的基准，受产品空间结构限制有些设计基准不能直接使用）在构架实体上确定的，须保证通过工艺基准加工完成的构架设计基准是符合产品图纸要求的，从而间接保证了工艺基准和设计基准的统一。正确的工艺基准能够保证构架在加工夹具上进行正位装夹，并能够保证构架工艺基准与加工设备的 $X/Y/Z$ 线性轴是平行的，这样才能保证加工出合格的构架。

针对构架焊接变形容易造成构架局部加工不起来的问题，待加工构架在划线测量机上先进行划线，在检测保证构架所有加工表及眼孔都能全部加工起来的情况下，准确划出构架的纵向、横向、垂向加工工艺基准线，划线标准执行JB/T9168.12—1998《切削加工通用工艺守则 划线》。若发现构架有局部加工不起来的问题，需要通过借线（微调构架的工艺基准）看能否解决，否则需要返回构架焊接工序进行调修或焊补，直到构架各处能够全部加工起来。在确认构架各部位都能够全部加工起来的基础上，才能最终以划线或定位块（螺钉）等形式确定好构架的纵向、横向和垂向工艺基准。

构架加工工艺基准的确定主要是在三坐标划线测量机（如图2.2、图2.3所示）上完成的，该设备为双悬臂式结构，X轴划线测量范围为4 500 mm，Y轴单臂划线测量范围为1 700 mm，Y轴双臂划线测量范围为3 000 mm，Z轴划线测量范围为2 000 mm，重复定位精度为0.03 mm，最小读数为1 μm。铸铁平台长×宽为4 500 mm×3 000 mm，平台平面度应符合JB/T7974—1999贰级标准。单臂定位精度为±（0.03＋0.03L）mm，双臂定位精度为±（0.05＋0.05L）mm，划针头安装于水平臂的最前端，可实现在X-Z平面的任意角度旋转，以及Y-Z，X-Y平面180度范围内自由摆动。配置五个方向感应测头，重复精度为0.75 μm，测量软件系统能够实现平面、直线、圆、圆柱、圆锥、圆槽、方槽等几何元素的测量，可评价直线度、平面度、圆度、球度、圆柱度、圆锥度、平行度、垂直度、倾斜度、同轴度、位置度等多种形位公差。

图2.2　三坐标划线测量机示意图

图 2.3 三坐标划线测量机

2.2 构架在龙门加工中心上的加工工艺

该工艺是将构架水平放置在龙门加工设备（图 2.4、图 2.5 所示）上进行加工的技术，是一种广泛采用的构架加工工艺，现对龙门加工设备和其构架装夹加工工艺分别做简要说明。

2.2.1 龙门加工设备

龙门加工设备基本结构形式如图 2.4 所示，主要由龙门立柱、横梁、滑枕、附件头、工作台、自动排屑系统、刀具冷却润滑系统（具备刀具内冷功能）等构成，根据需要可以配置刀库（自动更换刀具）、附件头库（自动更换各种附件头）、工件自动测量系统（一般采用 RENISHAW 测量头检测工件的基准边缘或眼孔用于确定加工程序零点或坐标系补偿）等。根据设备配置及加工功能要求的不同，主要有工作台移动式（龙门固定）、龙门移动式（工作台固定）、横梁固定式、横梁移动式等，若采用双工位（工作台上可布置装夹两个构架，可实现一个工位在进行构架加工的同时，另一个工位进行构架装夹作业，以便提高加工效率）时一般为龙门移动式，针对工件加工高度变化比较大的情况可采用横梁移动式（通过横梁上下移动来改变横梁到工作台之间的高度）。通常情况下构架加工采用单工位的形式，既龙门加工设备采用工作台移动式（龙门固定）、横梁固定式的结构，工作台尺寸规格长×宽大于等于5 000 mm×3 000 mm，X 轴行程大于等于5 500 mm，Y 轴行程（考虑到自动换刀等所需的附加行程）大于等于4 000 mm，Z 轴行程大于等于1 200 mm，龙门立柱内侧间距大于等于 3 500 mm，主轴功率大于等于 40 kW，主轴转速大于等于3 000 r/min，主轴输出扭矩大于等于 1 500 N·m。设备数控系统采用 SIEMENS（西门子）或 FANUC（法那克）系统，自动控制主轴旋转、X/Y/Z 轴移动等功能。为了实现一次装夹将构架的五个面（构架周边四个面及构架上面）的所有部位都能够加工完成，根据需要可以配置如图 2.6 所示的各种附件头，一般龙门加工设备需要配备 1 个标准立头、1 个直角头、1 个延长立头（根据需要可以配置标准延长头或偏置延长头、长度大于等于 500 mm）、1 个窄直角头（厚度小于等于 130 mm），为了减少附件头的更换时间，可以采用 1 个立卧转换铣头（可以进行立式和卧式自动转换）来代替上述的 1 个标准立头和 1 个直角头，窄直角头主要用于特殊狭窄空间情况下的加工。

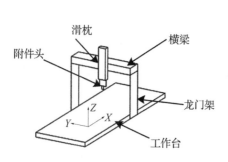

图 2.4　龙门加工设备示意图

图 2.5　龙门加工典型设备

立卧转换头　　偏置延长头　　标准延长头　　　直角头　　　窄直角头　　标准立头

图 2.6　龙门加工设备附件头示意图

设备精度检测标准为 ISO 230－2/VDI 3441 标准，X 轴定位精度小于等于 0.020 mm（全行程），Y 轴定位精度小于等于 0.015 mm（全行程），Z 轴定位精度小于等于 0.010 mm（全行程），各线性轴重复定位精度小于等于 0.010 mm。

2.2.2　构架在龙门加工设备上的装夹工艺

构架在龙门加工设备上的装夹就是将构架纵向、横向、垂向的工艺基准分别和该设备的 X 轴、Y 轴、Z 轴要保证平行后再进行定位夹紧，目前构架在龙门加工设备上的装夹主要有以下两种方式。

2.2.2.1　划线找正装夹

构架按事先划好的纵向、横向的工艺基准线在龙门加工设备的夹具上进行装夹，需要利用设备的 X 轴和 Y 轴行走来调整找正构架的纵向、横向工艺基准线，以便保证构架纵向、横向工艺基准线和设备的 X 轴、Y 轴处于平行状态时再进行定位夹紧。该方式由于构架装夹时间较长且容易发生定位不准确等问题，并且占用设备加工时间影响到设备利用率，适合小批量构架装夹加工生产。

2.2.2.2　预装工艺基准装夹

在图 2.7 所示的待加工构架的纵向、横向、垂向上先预装好工艺基准（定位块或螺钉），保证纵向（X 向）定位尺寸 H_3、横向（Y 向）定位尺寸 H_2 和垂向（Z 向）定位尺寸 H_1 是恒定的，构架在龙门加工设备的夹具上装夹时，只需要将构架预装的工艺基准和夹具上的定位基准块对正靠严即可进行夹紧，可以有效解决上述 2.2.2.1 条构架按划线找正装夹方式存在的各种问题，适合大批量构架装夹加工生产。

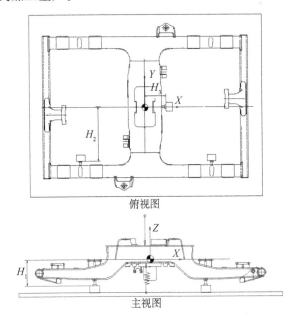

俯视图

主视图

图 2.7　构架预装工艺基准装夹示意图

2.3 构架在落地镗铣加工中心上的加工工艺

该工艺是将构架垂直放置在落地镗铣加工中心设备（图 2.8、图 2.9 所示）上进行加工的技术，是一种应用得不是很广泛的构架加工工艺，现对落地镗铣加工设备和其构架装夹加工工艺分别做如下简要说明。

2.3.1 落地镗铣加工设备

落地镗铣加工设备基本结构形式如图 2.8 所示，典型设备外形见图 2.9 主要由立柱、滑枕（内置自动分度机构）、附件头、工作台、自动排屑系统、刀具冷却润滑系统（具备刀具内冷功能）、自动更换刀库（能够实现水平和垂直自动换刀）、自动更换附件头库、工件自动测量系统等构成，根据设备配置及加工功能要求的不同，主要有双工位固定工作台式、双工位旋转工作台式、单工位固定工作台加小型旋转工作台式等。一般的情况下可采用单工位固定工作台加小型旋转工作台的形式，能够进行构架等大型焊接结构件的加工，还能够进行横梁组成等中小型焊接结构件的加工，固定工作台尺寸规格长×宽大于等于 6 000 mm×3 000mm，旋转工作台尺寸规格长×宽大于等于 1 500 mm×1 500 mm，X 轴行程大于等于 1 0000 mm，Y 轴行程大于等于 3 600 mm，Z 轴行程大于等于 1 600 mm，旋转工作台能够实现大于等于360°旋转，主轴功率大于等于37 kW，主轴转速大于等于 3 000 r/min，主轴输出扭矩大于等于 1 500 N·m。设备数控系统一般采用 SIEMENS（西门子）系统，自动控制主轴旋转、$X/Y/Z$ 轴移动等功能。为了实现一次装夹将构架的五个面的所有部位都能够加工完成，根据需要可以配置如图 2.10 所示的各种附件头，一般落地镗铣加工设备需要配备 1 个立卧转换铣头、1 个标准延长头（长度大于等于500 mm）、1 个窄直角头（厚度小于等于130 mm）。

设备精度检测标准一般为 VDI/DGQ 3441 标准，X 轴定位精度小于等于 0.030 mm（全行程），Y 轴定位精度小于等于 0.018 mm（全行程），Z 轴定位精度小于等于0.014 mm（全行程），$X/Y/Z$ 轴重复定位精度分别小于等于 0.025 mm/0.014 mm/0.011 mm。旋转工作台能够进行每 0.001°旋转，定位精度为±3″，重复定位精度为±1″。

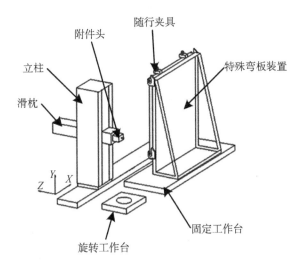

图 2.8 落地镗铣加工设备示意图

图 2.9 落地镗铣加工典型设备

立卧转换头　　　　　　标准延长头　　　　　　直角头　　　　　窄直角头

图 2.10 落地镗铣加工设备附件头示意图

2.3.2 构架在落地镗铣加工设备上的装夹工艺

　　由于构架在垂直状态进行调整装夹比较困难且不安全，一般构架在落地镗铣加工设备上的装夹是采用随行夹具（工件先在夹具上装夹好再整体移动到下工序并能够进行快速定位装夹作业）的方式，即构架先在水平放置在地面的随行夹具（图 2.11、图 2.12 所示）上定位装夹好，然后用厂房天车（起吊能力应大于等于 10 t）将装夹好构架的随行夹具吊起（须保证构架呈垂直状态），吊放在落地镗铣加工设备的固定工作台上的特殊弯板装置（带液压夹紧、定位系统等）上并进行自动快速定位夹紧（图 2.13 所示），现对构架在落地镗铣加工设备上的装夹进行简要说明如下。

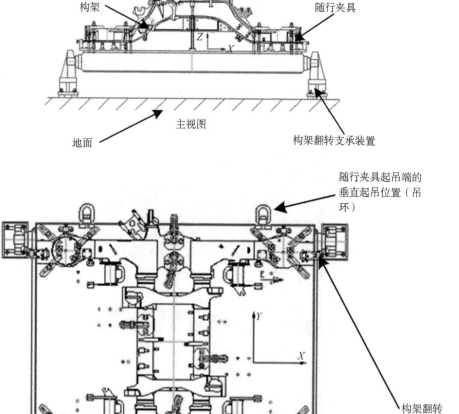

图 2.11　构架在随行夹具上装夹示意图

图 2.12　构架在随行夹具上的装夹

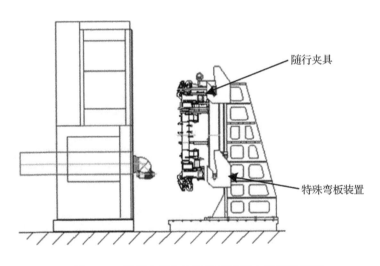

图 2.13　随行夹具在特殊弯板装置上装夹示意图

2.3.2.1　构架与随行夹具在地面上的水平装夹

先将随行夹具的正面（布置构架装夹所需的各种辅助支承、定位及夹紧装置的表面）水平朝上放置在地面上的构架装夹翻转支承装置上（图 2.11 所示），然后将待加工构架水平吊放到随行夹具上，将构架的纵向（X 向）、横向（Y 向）和垂向（Z 向）的工艺基准和随行夹具的 X 向、Y 向和 Z 向的基准调整至平行状态，再将构架夹紧在随行夹具上。

2.3.2.2　构架与随行夹具整体在设备上的垂直装夹

厂房天车通过吊随行夹具起吊端的两处垂直起吊位置（吊环）（图 2.12 所示）将已经定位装夹好构架的随行夹具整体的起吊端缓慢吊起，在随行夹具没有整体垂直吊起来之前，要保证随行夹具的非起吊端两侧的圆柱和构架装夹翻转支承装置的 V 形槽是接触的，待随行夹具垂直吊起来之后，再将随行夹具从地面上的构架装夹翻转支承装置处吊离并吊挂到落地镗铣加工设备的特殊弯板装置上（图 2.13 所示），要保证随行夹具背面上的 3 处 U 形定位销槽、12处 U 形锁紧槽（图 2.14 所示）和特殊弯板装置上的 3 处定位销、12 处液压锁紧销准确入位（图 2.15 所示），从而保证构架和随行夹具整体装夹的 X 向、Y 向和 Z 向的基准和落地镗铣加工设备的 X 轴、Y 轴和 Z 轴是平行的，这时只需利用落地镗铣加工设备的工件自动测量系统确定构架 X 向、Y 向和 Z 向的加工程序零点，即可进行构架自动加工作业。

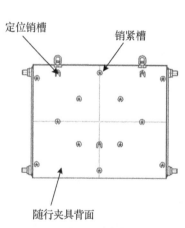

图 2.14　随行夹具背面定位及锁紧槽示意图　　图 2.15　特殊弯板定位及锁紧销

由于构架与随行夹具是在地面上进行装夹的，没有占用设备的正常加工时间，可以有效提高设备利用率，因此采用随行夹具装夹加工的方式和上述第二条龙门加工设备的构架装夹加工方式相比较显然是最佳的，龙门加工设备应根据实际加工批量要求尽可能地采用随行夹具来装夹加工构架。

2.4　构架在加工夹具上的夹紧工艺

针对构架具有焊接易变形、外形不规则及规格尺寸较大、加工部位较多及加工精度较高等特征，一般构架在加工夹具上的夹紧都是采用多点夹紧的，构架在逐个夹紧点进行夹紧时非常容易造成夹紧变形，如果夹紧变形量过大，超过了构架加工尺寸公差量，当构架加工完成松开夹紧后，构架的夹紧变形量会发生回弹，容易造成构架局部加工尺寸精度超差的质量问题。为了有效解决构架夹紧变形问题，目前主要是采用构架夹紧点的上边夹紧、下边进行辅助支承、控制夹紧点变形量的夹紧工艺，现对图 2.16 所示的构架一个端部的夹紧工艺进行简要说明。

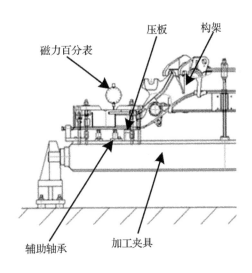

图 2.16　构架局部夹紧示意图

构架和加工夹具定位放置好后，首先在压板夹紧点处放置一块磁力百分表并将表针归零，旋起夹紧点处的下边辅助支承顶在该夹紧点处的下表面上，并将磁力表的表针顶起约 0.2 mm，然后再将该夹紧点处的上边压板进行夹紧，保证磁力百分表的表针被辅助支承顶起的约 0.2 mm 归零，这种夹紧工艺可以保证每处夹紧点的辅助支承是有效支承的,并且可以有效控制构架每处夹紧点的夹紧变形量。当构架所有夹紧点按上述方法逐个夹紧后,需要检查构架和加工夹具的纵向、横向和垂向定位是否发生了偏移,确认没有问题后才能启动设备进行构架加工作业。

上述夹紧工艺由于构架每次装夹加工时都要进行构架周边及上下各处约数十点的各个辅助支承的旋起再锁紧、压板夹紧、磁力百分表控制夹紧变形量等人工作业,因此目前构架装夹存在装夹时间长、操作者劳动强度大、影响加工效率等问题,为了解决这些问题,可以采用液压辅助支承、液压压板等自动控制夹紧工艺实现构架所有夹紧点的自动夹紧和松开,并且可以通过设定系统液压压力来控制夹紧力和夹紧变形量。液压自动夹紧工艺由于一次性投入成本较高,目前没有得到广泛应用。

2.5　构架加工刀具

通常一把刀具主要由图 2.17 所示的切削刀头、刀柄和拉钉组成,构架加工主要刀具有图 2.17 所示的立铣刀、端铣刀、钻孔刀(麻花钻、U 钻)、螺纹孔刀(攻丝刀)、镗刀等。构架加工所需的各种刀具准备好后先人工放置到加工设备刀库中的相应刀具位置上,加工时设备刀库的换刀机械手会自动根据加工程序将规定好的刀具安装到设备主轴端部,加工设备主轴的扭矩通过刀柄传递给切削刀头进行旋转切削加工作业。切削刀头能够实现直接作用于工件表面进行钻、镗、铣等切削加工,切削刀头可以根据具体刀具结构通过螺钉拧紧、弹簧夹紧、液压夹紧等方式定位安装到刀柄上。刀柄能够实现刀具精确定位安装到加工设备主轴端部,拉钉通过加工设备主轴内的拉刀装置能够实现将刀具的刀柄紧密拉紧在加工设备主轴端部的锥孔内,从而保证刀具中心和设备主轴中心一致,并保证刀具能够承受加工过程中的各个方向的切削力。

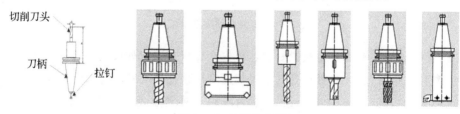

图 2.17　刀具示意图

构架加工刀具主要是根据具体采用的加工设备、构架具体加工部位的要求和加工程序等来确定的，一般需要提前确定切削刀头类型及直径 d、刀具长度 h、切削参数（刀具转速 n、进给量 f、切削深度 l）等信息，其中刀具长度、切削刀头半径（钻头、立铣刀等标准切削刀头的直径可以不用对刀仪测量）一般需要通过图 2.18 所示的对刀仪准确测量出来并需要输入加工设备控制系统中的刀具号参数表中，当加工程序执行加工过程中自动调用该刀具号时，设备控制系统会自动将该刀具长度、切削刀头的半径数值和加工程序的线性轴的加工行程进行加或减补偿计算（简称刀补），这样可以实现在加工程序不变的情况下，即使更换了不同长度和直径的刀具同样可以加工出合格的构架来，并且通过局部修改刀补参数可以更方便快捷地保证加工尺寸精度要求。现对构架加工刀具各项工艺准备和实现切削加工应用示例做如下简要说明。

2.5.1　刀具测量用对刀仪

　　该装备（如图 2.18 所示）应能够完成直径大于等于 $\Phi 400$ mm、长度大于等于 500 mm 的各种刀具测量，显示精度 0.001 mm，重复测量精度 0.002 mm，采用数码成像系统将刀具的切削端部进行数十倍放大，通过测量系统自动对焦测量出刀具的高度、半径、刀尖夹角、主偏角和刀尖圆弧半径等尺寸精度，测量结果可以通过打印机打印成标签，贴在刀柄上，便于操作者将其输入加工设备控制系统的刀具号参数表中。

图 2.18　对刀仪

2.5.2　常用切削刀头及切削参数选择确定

构架加工切削刀头类型主要有立铣刀、面铣刀、镗刀、钻头、三面刃铣刀、丝锥等，具体需要根据构架加工部位的尺寸精度、表面粗糙度、加工效率、切削使用寿命等来进行综合选择。为了有效保证构架加工质量和提高加工效率，一般选用 SANDVIK（山特维克）、SECO（山高）等国外品牌性价比较高的刀具。

刀具在加工过程中的切削参数主要有刀具转速 n（r/min）、进给量 f（mm/r）和切削深度 t（mm）等，转速一般是根据刀具的切削线速度 v（m/min）和加工设备的主轴转速 s（r/min）能力等来确定的，刀具切削线速度是根据工件加工材质确定的，在刀具样本里有相应的规定可以查询得到，根据确定的合适切削线速度 v 可以计算出刀具转速 n（$v=3.14dn/1\,000$，d 为刀具直径）。进给量 f、切削深度 t 根据加工工况（主要有粗加工、精加工等）、刀具样本推荐来综合确定。刀具转速 n 和进给量 f 一般在加工过程中根据实际加工情况可以通过设备控制系统的倍率旋扭随时进行调整。

2.5.3　常用刀柄种类及标准

刀柄规格一般为锥度 7∶24 的 50 型号，窄直角头一般使用 40 型号的刀柄。构架加工常用的刀柄及拉钉标准主要有：德国刀柄标准为 DIN69871、拉钉标准为 DIN69872；国际刀柄标准为 ISO7388/1、拉钉标准为 ISO7388/2；日本刀柄标准为 MAS 403 BT、拉钉标准为 MAS−Ⅱ等。刀柄根据所装夹的切削刀头和夹紧方式不同，又分为基本刀柄（可以装夹弹簧夹头接柄、钻夹头接柄、侧压式接柄、丝锥接柄等）、面铣刀刀柄、三面铣刀刀柄、立铣刀刀柄等。

2.6　构架加工实际切削应用示例

上述构架加工所需的设备、夹具、刀具都是为了构架实际切削加工而准备的，现对图 2.19 所示的构架轴箱定位座的外侧面、内侧面、定位槽、螺纹孔在数控落地铣镗加工中心设备加工示例做简要说明。

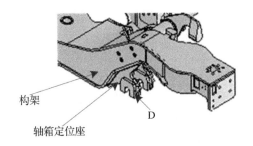

构架

D

轴箱定位座

图 2.19 构架轴箱定位座加工部位示意图

（1）铣轴箱定位座端面，具体见图 2.20 所示的铣定位座端面工序卡片，所用的 $\Phi80mm$ 方肩铣刀见图 2.21 所示。

文件名称	产品型号	产品名称	零部件图号	零部件名称	文件编号			
构架加工工艺流程								
工序号	1	工序名称	铣定位座端面	设备名称	数控落地铣镗加工中心	设备型号		
附图 1			工步号	工艺方法、技术要求	切削深度	走刀次数	进给量/(mm/min)	转数/(r/min)	刀具名称规格	量具名称规格

附图 1		工步号	工艺方法、技术要求	切削深度	走刀次数	进给量/(mm/min)	转数/(r/min)	刀具名称规格	量具名称规格
H Ra6.3		1	铣轴箱定位座端面，粗糙度为 Ra6.3，并保证到时基准 A、尺寸 *H*	1~3	5	1 534	940	$\Phi80$ 方向铣刀	

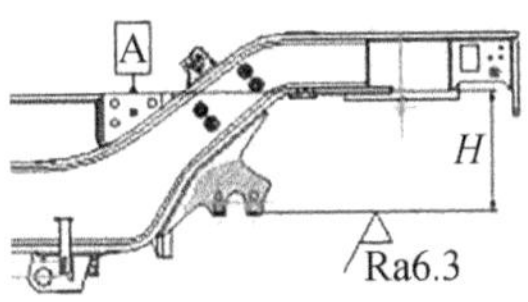

图 2.20 铣定位座端面加工序卡片

图 2.21 方肩铣刀示意图

（2）铣削轴箱定位座内裆立面，具体见图2.22所示的铣定位座内裆工序卡片，所用的Φ65mm玉米铣刀（长刃铣刀）见图2.23所示，所用的Φ160mm三面刃铣刀见图2.24所示。

文件名称	产品型号	产品名称	零部件图号	零部件名称	文件编号		
构架加工工艺流程							
工序号	2	工序名称	铣定位座内裆	设备名称	数控落地铣镗加工中心	设备型号	
附图2		工步号	工艺方法、技术要求	切削深度	走刀次数	进给量/(mm/min)	转数/(r/min)	刀具名称规格	量具名称规格
		1	粗铣轴箱定位座内裆面，粗糙度为Ra12.5	1~5	12	806	790	Φ65长刃铣刀	
		2	精铣轴相定位座内裆表面，保证尺寸A和B，粗糙度Ra6.3	0.5	1	459	539	Φ160三面刃铣刀	

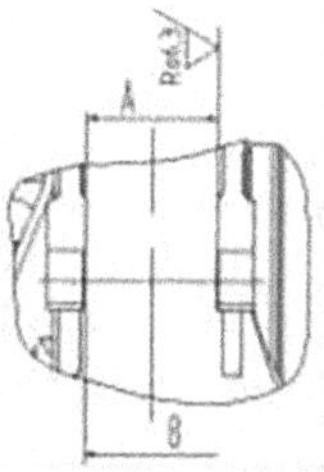

图2.22　铣定位座内裆加工序卡片

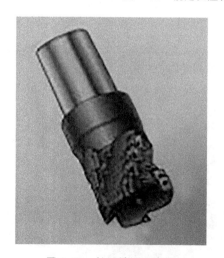

图2.23　长刃铣刀示意图

图2.24　三面刃铣刀示意图

（3）铣削轴箱定位座外侧面，具体见图 2.25 所示的铣定位座外侧面工序卡片，所用的 Φ160 面铣刀（45°）见图 2.26 所示。

文件名称		产品型号	产品名称	零部件图号	零部件名称	文件编号		
车轮加工工艺流程								
工序号	3	工序名称	铣削定位座外侧面	设备名称	数控落地铣镗加工中心	设备型号		
附图 3		工步号	工艺方法、技术要求	切削深度	走刀次数	进给量/(mm/min)	转数/(r/min)	刀具名称规格	量具名称规格
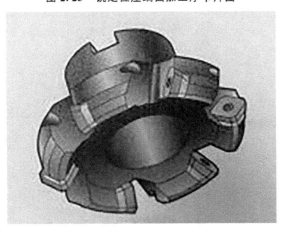		1	铣削轴箱定位座外侧面，保证定位座壁厚尺寸 E，粗糙度 Ra12.5	1~3	8	1 442	645	Φ160面铣刀 45°	

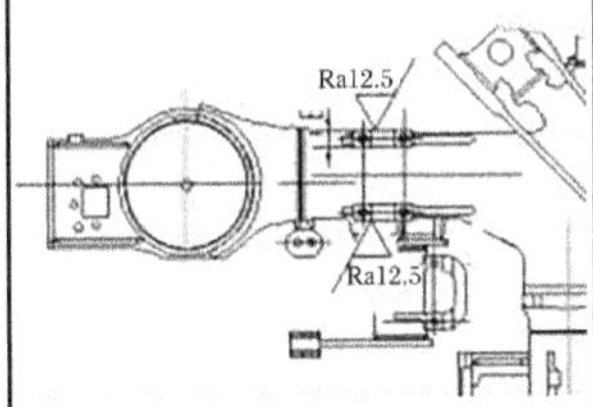

图 2.25　铣定位座端面加工序卡片图

图 2.26　45°面铣刀示意图

（4）镗轴箱定位座槽，具体见图 2.27 所示的镗定位座槽工序卡片，所用的粗镗刀见图 2.28 所示，精镗刀见图 2.29 所示，Φ32 长刃铣刀见图 2.30 所示。

文件名称	产品型号	产品名称	零部件图号	零部件名称	文件编号	
车轮加工工艺流程						

工序号	4	工序名称	定位座U型槽加工	设备名称	数控落地铣镗加工中心	设备型号	

附图4		工步号	工艺方法、技术要求	切削深度	走刀次数	进给量/(mm/min)	转数/(r/min)	刀具名称规格	量具名称规格
		1	粗镗轴箱定位座槽半圆孔 Φ 至 $\Phi M1$	1~2	1	412	1 141	$\Phi M1$ 粗镗刀	
		2	半精镗轴相定位座槽半圆孔 $\Phi M1$ 至 $\Phi M2$	1.85	1	154	1 042	$\Phi M2$ 半精镗刀	
		3	精镗轴箱定位座槽半圆孔 ΦM,保证孔尺寸精度为 H7,并保证定位尺寸 H1 和 F,粗糙度 Ra3.2	0.15	1	108	1 042	ΦM 精镗刀	
		4	铣轴箱定位座槽U形立面,保证U形面宽度尺寸为 M+0.5mm,粗糙度 Ra12.5	1~3	2	618	2 015	$\Phi 32$ 长刃铣刀	

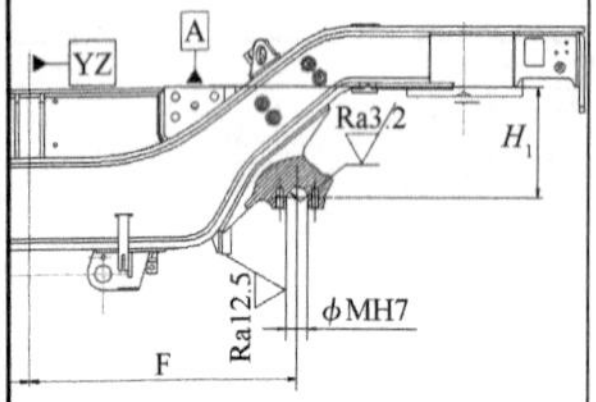

图 2.27　铣定位座槽加工序卡片

图 2.28 粗镗刀示意图　　图 2.29 精镗刀示意图　　图 2.30 Φ32 长刃铣刀示意图

（5）铣削轴箱定位座倒角，具体见图 2.31 所示的铣倒角工序卡片，所用的双面倒角铣刀（倒角立铣刀）见图 2.32 所示。

文件名称		产品型号	产品名称	零部件图号	零部件名称	文件编号		
车轮加工工艺流程								
工序号	5	工序名称	铣削定位座倒角	设备名称	数控落地铣镗加工中心	设备型号		
附图 5		工步号	工艺方法、技术要求	切削深度	走刀次数	进给量/(mm/min)	转数/(r/min)	刀具名称规格	量具名称规格
		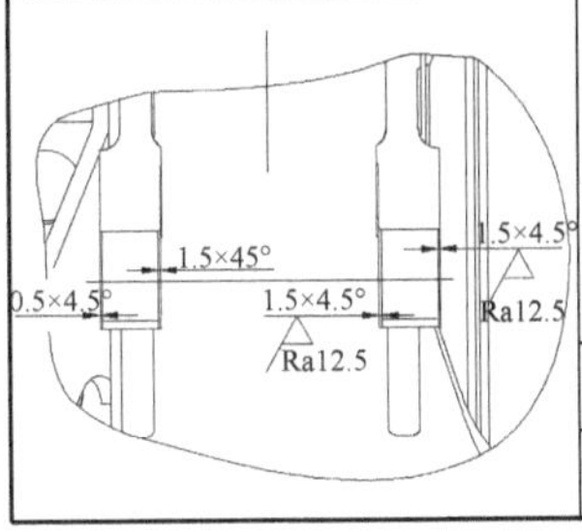 1	铣轴箱定位座处内侧 1.5×45°倒角和外侧 0.5×45°，粗糙度为 Ra12.5	0.5 ~ 1.5	1	962	1 455	双面倒角铣刀	

图 2.31 铣定位座倒角工序卡片

图 2.32 双面倒角铣刀示意图

(6) 钻攻轴箱定位座螺纹孔，具体见图 2.33 所示的钻攻定位座螺纹孔工序卡片，所用的 Φ18.8 内冷麻花钻见图 2.34 所示；孔口倒角刀（倒角立铣刀）见图 2.35 所示；挤压成形机用丝锥见图 2.36 所示。

文件名称	产品型号	产品名称	零部件图号	零部件名称	文件编号				
车轮加工工艺流程									
工序号	6	工序名称	定位座螺纹孔加工	设备名称	数控落地铣镗加工中心	设备型号			
附图6			工步号	工艺方法、技术要求	切削深度	走刀次数	进给量/(mm/min)	转数/(r/min)	刀具名称规格	量具名称规格
			1	钻轴箱定位上表面的 M20 座孔 Φ18.8，保证孔深 55.5mm	9.4	1	316	1 250	Φ18.8 内冷钻头	游标卡尺
			2	对底孔进行倒角，保证尺寸 Φ22×90°，粗糙度为 Ra12.5	1.6	1	95	320	孔口倒角刀	
			3	在 Φ18.8 底孔内涂攻丝用润滑脂，然后用 M20 挤压成形机用丝锥进行攻丝，保证螺纹有效深度为 35mm，并保证尺寸 100±0.3 和对称度 0.2mm 要求	2.1	1	400	160	M20 挤压成形机用丝锥	螺纹塞规

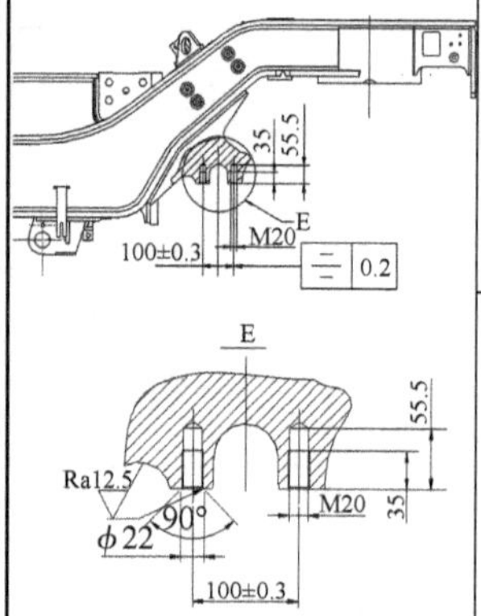

图 2.33　钻攻定位座螺纹孔工序卡片

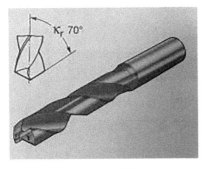

图 2.34　内冷麻花钻示意图

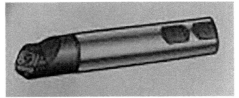

图 2.35　倒角立铣刀示意图

图 2.36　挤压成形机用丝锥

2.7　构架加工尺寸精度测量

　　构架加工后的各个尺寸一般需要进行 100% 测量，针对构架形位公差、长大尺寸、空间尺寸等人工使用测量工具不能有效完成准确测量的则需要到三坐标测量机上完成，以便确保构架加工质量 100% 合格。构架测量工具主要有游标卡尺、深度尺、内径千分尺、内径百分表/千分表等，构架测量设备主要有龙门式三坐标测量机、双悬臂三坐标测量机等。由于构架测量设备对测量环境的温度和相对湿度有较严格的要求，一般需将测量设备布置在带空调装置的密闭房间内。现对构架测量设备及工艺要求做简要说明。

2.7.1 构架测量设备

2.7.1.1 龙门式三坐标测量机

该设备为桥式龙门结构（图 2.37、图 2.38 所示），$X/Y/Z$ 轴行程为 3 500/5 000/2 000 mm，最大通过宽度为 3 800 mm，测量精度 MPE_E 为 7 + $L/350$ μm，测头探测精度 MPE_P 为 7 μm，空间运动速度为 520 mm/s，空间运动加速度为 800 mm/s²，测量机室温度要求为 16~22 ℃，相对湿度 40%~70%，自动分度测头系统可在竖直水平两个方向自动旋转，垂直方向旋转范围为±180°，水平方向旋转范围为 −115°至 90°，最小分度为 7.5°，重复性定位精度小于等于 0.5 μm，旋转每个分度时间小于等于 1 s，旋转 90°时间小于等于 2 s。测量软件系统具有测头管理、零件坐标系管理、工件找正功能、检测报告输出打印、检测预览、特征构造、特征测量、温度补偿等功能，并具备基本几何测量功能，能够实现点、线、面、圆、圆柱、圆锥、球、圆槽和方槽等基本几何元素测量，能够输出元素尺寸、位置和形位偏差等，能够实现直线度、平面度、圆度、圆柱度、圆锥度以及圆环和球面等几何元素的评价。能够计算两个几何元素间位置关系，如中点、距离、投影、相交等，并能够实现平行度、垂直度、角度、对称度、位置度、同轴度、同心度、轴向跳动、径向跳动、轴向全跳动、径向全跳动等相对基准几何要素真实位置度的评价等。

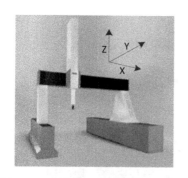

图 2.37　龙门式三坐标测量机示意图　　图 2.38　龙门式三坐标测量机

2.7.1.2 双悬臂三坐标测量机

该设备为双悬臂式结构（图 2.39、图 2.40 所示），X 轴行程为 6 000 mm，

Y 轴单臂行程为 1 600 mm，Y 轴双臂测量范围为 3 000 mm，Z 轴行程为 1 800 mm，铸铁工作台长×宽为 6 000 mm×3 000 mm，精度指标根据 ISO10360 －2 坐标测量机的性能评定标准，单臂测量精度 MPE_E 为 25＋L/40 小于等于 70 μm，双臂测量精度 MPE_E 为 35＋L/30 小于等于 90 μm，测头探测精度 MPE_P 小于等于 20 μm，空间运动速度为 520 mm/s，空间运动加速度为 700 mm/s^2，测量机室温度要求为 16～24 ℃，相对湿度 40％～70％，自动分度测头系统可在竖直水平两个方向自动旋转，垂直方向旋转范围为 ±180°，水平方向旋转范围为 －115°至 90°，最小分度为 7.5°，重复性定位精度小于等于 0.5 μm。测量软件系统具有上述龙门式三坐标测量机一样的功能。

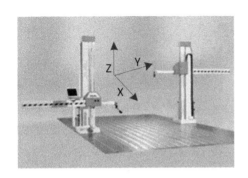

图 2.39　双悬臂三坐标测量机示意图

图 2.40　双悬臂三坐标测量机

2.7.2　构架测量工艺要求

为了保证测量精度，工件测量所采用的测量工具和设备的精度 M 应比工件尺寸精度 N 更高才可以，一般 M 应小于等于（1/3）N，并且尽可能将被测量工件和测量环境温度同温 8 小时以上再进行测量。由于构架加工后需要测量的尺寸很多，为了提高测量效率，要求上述三坐标测量设备能够自动完成构架加工各个尺寸的测量。构架测量时应水平稳固支承在三坐标测量设备的工作平台上，避免测量过程中出现晃动影响测量精度。三坐标测量设备在构架上取点构建 $X/Y/Z$ 坐标系时，取点的位置应和构架装夹加工时的工艺基准一致或在精度更高的位置取点，避免由于基准不统一或基准不正确造成测量结果与实际尺寸出现测量偏差问题的发生。构架加工尺寸在三坐标测量机上完成测量后，应出具图 2.41 所示的测量结果报告，并需要签字盖章以便证明测量结果的有效性。

```
DATE=2021/9/9                               TIME=15:19:38
零件名: 武汉地铁11号线(拖车正面)
序列号: W11TG057 2108
统计计数: 1

DIM 位置6= 平面 的位置平面19   标准差=0.00  单位=毫米
AX     NOMINAL        +TOL         -TOL         MEAS         DEV       OUTTOL
Y        427.50        0.30        -0.30       427.41       -0.09        0.00 ---#-----
DIM 位置11= 平面 的位置平面13   标准差=0.00  单位=毫米
AX     NOMINAL        +TOL         -TOL         MEAS         DEV       OUTTOL
Y       -427.50        0.30        -0.30      -427.52       -0.02        0.00 ----#----
DIM 位置31= 直线 的位置直线34   标准差=0.00  单位=毫米
AX     NOMINAL        +TOL         -TOL         MEAS         DEV       OUTTOL
Y       -770.00        0.10        -0.10      -770.10       -0.10        0.00 #--------
DIM 位置32= 直线 的位置直线35   标准差=0.00  单位=毫米
AX     NOMINAL        +TOL         -TOL         MEAS         DEV       OUTTOL
Y       -770.00        0.10        -0.10      -770.03       -0.03        0.00 ---#-----
DIM 位置33= 直线 的位置直线36   标准差=0.00  单位=毫米
AX     NOMINAL        +TOL         -TOL         MEAS         DEV       OUTTOL
Y        770.00        0.10        -0.10       770.01        0.01        0.00 -----#---
DIM 位置34= 直线 的位置直线37   标准差=0.00  单位=毫米
AX     NOMINAL        +TOL         -TOL         MEAS         DEV       OUTTOL
Y        770.00        0.10        -0.10       769.99       -0.01        0.00 ---#-----
DIM 距离5= 2D 距离平面 平面7 至 圆 圆42 平行 至   Z 轴,无半径  单位=毫米
AX     NOMINAL        +TOL         -TOL         MEAS         DEV       OUTTOL
M         40.50        0.30        -0.30        40.46       -0.04        0.00 ---#-----
DIM 距离6= 2D 距离圆 圆41 至 平面 平面12 平行 至   Z 轴,无半径  单位=毫米
AX     NOMINAL        +TOL         -TOL         MEAS         DEV       OUTTOL
M         40.50        0.30        -0.30        40.65        0.15        0.00 -------#--
DIM 距离7= 2D 距离平面 平面18 至 圆 圆36 平行 至   Z 轴,无半径  单位=毫米
AX     NOMINAL        +TOL         -TOL         MEAS         DEV       OUTTOL
M         40.50        0.30        -0.30        40.45       -0.05        0.00 ---#-----
DIM 距离8= 2D 距离圆 圆31 至 平面 平面21 平行 至   Z 轴,无半径  单位=毫米
AX     NOMINAL        +TOL         -TOL         MEAS         DEV       OUTTOL
```

图 2.41　构架加工尺寸三坐标测量报告（局部实例）

第 3 章 轮轴加工工艺技术

轮轴加工工艺技术主要是轮对的组成部件车轴和车轮的加工工艺技术。

3.1 车轴加工工艺技术

车轴加工是将车轴周身通过机械全加工方法保证设计产品图纸尺寸精度及装配要求的一种工艺技术。车轴一般分为动车车轴和拖车车轴两种形式，车轴加工主要部位有轴端面及孔（螺纹孔、中心孔、空心车轴通长孔）、轴身、轮座、盘座、轴径及防尘板座、齿轮座、轴承座、挡油环座等（如图 3.1 所示），具有加工精度高、工艺流程长等特征，目前为了提高车轴加工效率，正在应用的是从采购的半成品车轴（轴端面、轴端螺纹孔及中心孔、轴身已经加工完成，轮座、盘座、轴径及防尘板座、齿轮座、轴承座、挡油环座直径方向约留3 mm加工余量）开始的加工，这种情况下的车轴加工主要工艺流程如图 3.2 所示，现对车轴主要加工的车削、滚压和磨削工艺简要说明如下。

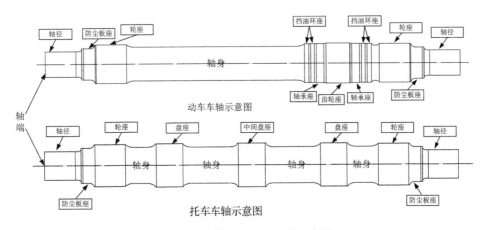

图 3.1 车轴加工主要部位示意图

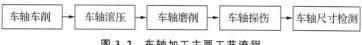

图 3.2　车轴加工主要工艺流程

3.1.1　车轴车削加工工艺技术

车轴车削是对车轴轴径、防尘板座、轮座、盘座、齿轮座、轴承座、挡油环座进行精加工并留好磨削余量的一种工艺技术。车轴车削一般采用图 3.4 所示的斜床身、全防护结构的数控卧式车床完成，该设备主要由三爪液压卡盘、液压中心架、车轴托架、头尾架液压顶尖、多工位自动刀架（根据需要可以配 1 个刀架或双刀架）、自动排屑装置、刀具冷却润滑系统等构成，车轴装夹时先将车轴吊放在车轴托架上，在车轴两端中心孔内涂专用研磨油，在车轴靠近设备主轴卡盘的一端装上图 3.3 所示的拨盘驱动夹具，须保证该夹具的紫铜圆销插入轴端螺纹孔中，然后车轴通过其两端的中心孔顶紧支承在设备头尾架液压顶尖上，三爪液压卡盘夹紧在车轴端部拨盘驱动夹具上，液压中心架（图 3.4 所示）夹紧在车轴轮座上，手动对刀确定加工程序零点后即可以进行车轴车削作业。

该设备可车削最大工件尺寸规格长度 x 直径大于等于 3 000×Φ350 mm，主电机连续功率大于等于 30 kW，主轴转速范围大于等于 800 r/min，刀具尺寸规格为 32 mm×32 mm，直径方向定位精度小于等于 0.015 mm，长度方向定位精度小于等于 0.03 mm，加工精度 IT6，加工圆柱度 0.02 mm，粗糙度 Ra1.6 μm，数字全闭环控制，能够实现车轴一次性装夹完成车轴各座的精密车削加工（直径方向留磨削余量约 0.4~0.5 mm）。

紫铜圆销

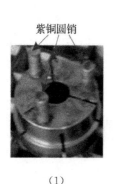

拨盘驱动夹具

（1）　　　　　　　（2）　　　　　　　（3）

图 3.3　拨盘驱动夹具

（1）　　　　　　　　　　　　　（2）

液压中心架　　　　　　　　　　液压中心架　　　　　车轴托架

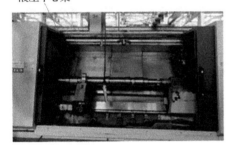

（3）　　　　　　　　　　　　　（4）

图 3.4　数控卧式车床

3.1.2　车轴滚压工艺技术

车轴滚压是对车轴圆弧、轮座、齿轮座表面通过特制的滚轮进行滚压强化提高性能的一种工艺技术。滚压技术是通过特制的滚压工具在工件表面来回滚压，使工件表面材料晶粒和应力状态发生改变，从而使工件表面性能发生改变，是一种无切削利用材料表面的塑性变形的加工方法。一般采用图 3.5 所示的车轴滚压设备（一般采用平床身的普通卧式车床）进行，该设备主要由卡盘、支撑架、头尾架顶尖机构、回转刀架等构成，车轴通过天车或悬臂吊等吊放到设备的支撑架上，然后将车轴通过其两端的中心孔顶紧支承在设备头尾架顶尖上，卡盘夹紧车轴轴径处的表面应垫尼龙、紫铜皮等软质材料防止损伤轴径，滚压头分为外圆直径表面滚压头和圆弧表面滚压头两种分别安装到回转刀架上，车轴滚压一般分为两次进行，第一次是车轴精车后轴身和座轮座、盘座、齿轮箱座之间的圆弧滚压，第二次是车轴磨削后轮座、齿轮座表面滚压。针对齿轮座、轮座表面有斜度要求的，需要在数控车床上进行滚压完成。

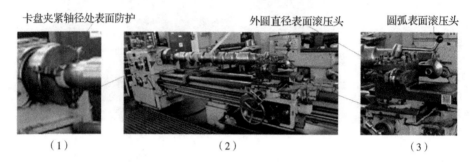

卡盘夹紧轴径处表面防护　　　　　外圆直径表面滚压头　　　　圆弧表面滚压头

（1）　　　　　　　　　　（2）　　　　　　　　　　（3）

图 3.5　车轴滚压设备

滚压设备最大工件尺寸规格长度 x 直径大于等于 3 000×Φ350 mm，主电机连续功率大于等于 18 kW，主轴转速范围约 50～800 r/min，刀具尺寸规格为 32 mm×32 mm，加工精度 IT7，加工圆柱度 0.02 mm，车削粗糙度 Ra3.2 μm。

3.1.3　车轴磨削工艺技术

车轴磨削工艺技术主要包括轴径及防尘板座、轮座、盘座、大齿轮座及其两侧轴承座的磨削，针对无卸荷槽（轴径、防尘板座表面和过渡圆弧连接是相切的）的轴径及防尘板座需要采用斜切入式数控外圆磨削，其余一般采用直切入式数控外圆磨削或普通外圆磨削，对于检修车轴的轮座级等修磨削一般采用普通外圆磨削，外圆磨床标准执行 GB/T4685－2007《外圆磨床 精度检验》，现对这三种情况的磨削工艺分别说明如下。

3.1.3.1　斜切入式磨削工艺

该设备基本结构形式见图 3.6 所示，主要由床身、头架（交流变频电机无级调速）、砂轮架（配砂轮动平衡、消空程、防碰撞装置）、工作台（上、下两层结构便于工件锥度调整）、托架（车轴先放到托架上再进行装夹）、尾架（配液压顶紧机构）、冷却过滤系统（纸质过滤加磁性分离器两级过滤并带自动控温装置）、数控系统（光栅尺控制位移精度）、自动测量系统（包括测量范围Φ120～Φ225 mm 及连续变径范围 25 mm 的径向变径测量仪、轴端定位仪）、砂轮插补修磨等组成，车轴装夹采用中心孔定位、两顶尖液压顶紧、头架拨盘驱动车轴旋转，能在车轴一次装夹条件下，完成车轴一端的轴径、防尘板座和圆弧的成形磨削，并通过更换砂轮还可以磨削轮座、盘座等外圆磨削。具有砂轮自动进给，粗、精、无火花磨削、工作台自动跳档、尾架自动顶紧工件、工件转速自动切换、前置修整器实现砂轮自动修整补偿、自动测量工件、工件的轴向自动定位及循环动作安全联锁以及锥度调整等多种功能。

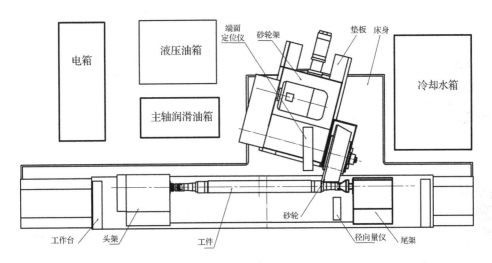

图 3.6　车轴斜切入式数控磨削设备

该设备总功率约 56 kW，外形尺寸长×宽×高约 8 500 mm×4 700 mm×2 200 mm，可装夹最大砂轮宽度大于等于 270 mm，车轴转速大于等于 180 r/min，砂轮恒线速度大于等于 50 m/s，砂轮架及工作台移动速度 0.1～5000 mm/min，中心高大于等于 335 mm，工件最大回转直径大于等于 Φ650 mm，磨削直径范围为 Φ50 mm～Φ500 mm，最大磨削长度大于等于 2 500 mm，砂轮与工件夹角为 75°。X 轴（砂轮架）单向定位精度/重复定位精度小于等于 0.016 mm/0.006 mm，Z 轴（工作台）单向/双向定位精度小于等于 0.028 mm/0.036 mm，磨削圆度小于等于 0.004 mm，纵截面直径一致性小于等于 0.006 mm/500 mm，外圆表面粗糙度小于等于 Ra0.4 μm。

3.1.3.2 直切入式磨削工艺

直切入式磨削设备结构形式如图 3.7 所示，其中直切入式数控磨削设备（图 3.8 所示）主要由床身、头架（交流变频电机无级调速）、砂轮架（配砂轮动平衡、消空程、防碰撞装置）、工作台（上、下两层结构便于工件锥度调整）、托架（车轴先放到托架上再进行装夹）、尾架（配液压顶紧机构）、冷却过滤系统（纸质过滤加磁性分离器两级过滤并带自动控温装置）、数控系统（光栅尺控制位移精度）、自动测量系统（包括测量范围 Φ120～Φ270 mm 径向变径测量仪、轴端定位仪）、砂轮插补修磨等组成，车轴装夹采用中心孔定位、两顶尖液压顶紧、头架拨盘驱动车轴旋转，能在车轴一次装夹条件下，完成车轴一端的座轮、制动盘座的外圆磨削。具有砂轮自动进给、粗、精、光、无火花磨削、砂轮自动修整及自动补偿、工件轴向自动定位、工件径向自动测量及循环动作安全联锁等多种功能。

该设备总功率约 68 kVA，外形尺寸长×宽×高约 10 560 mm×4 840 mm×2 210 mm，可装夹最大砂轮宽度大于等于 250 mm，车轴转速大于等于 300 r/min，砂轮恒线速度大于等于 45 m/s，砂轮架及工作台移动速度 0.1～5 000 mm/min，中心高大于等于 600 mm，磨削直径范围为 Φ50 mm～Φ630 mm，最大安装工件长度大于等于 3 000 mm，X 轴（砂轮架）单向定位精度/重复定位精度小于等于 0.01 mm/0.004 mm，Z 轴（工作台）单向/双向定位精度小于等于 0.024 mm /0.026 mm，磨削圆度小于等于 0.002 5 mm，纵截面直径一致性小于等于 0.008 mm ，外圆表面粗糙度小于等于 Ra0.4 μm。

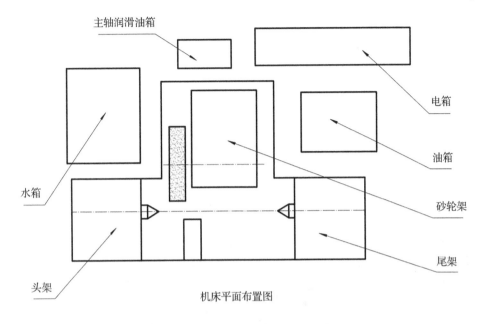

主轴润滑油箱

电箱

油箱

砂轮架

尾架

水箱

头架

机床平面布置图

图 3.7 直切入式磨削设备结构示意图

图 3.8 直切入式数控外圆磨削设备

3.1.3.3　普通外圆磨削工艺

该设备结构形式见图 3.9 所示，主要由床身、头架（交流变频电机无级调速）、砂轮架（双速电机实现高低速）、工作台（上、下两层结构便于工件锥度调整）、托架（车轴先放到托架上再进行装夹）、尾架（手轮转动使尾架套筒移动顶紧机构）、冷却过滤系统（磁性分离器过滤）、液压系统（用于砂轮架快速进退、工作台纵向移动、工作台及砂轮架导轨润滑等）、砂轮修磨等组成，车轴装夹采用中心孔定位、两顶尖顶紧、头架拨盘驱动车轴旋转，能在车轴一次装夹条件下，完成车轴一端的座轮、制动盘座的外圆磨削。具有砂轮架快进、手动进给及自动周期进给等多种功能。

图 3.9　直切入式普通外圆磨削设备

该设备总功率约 40 kW，外形尺寸长×宽×高约 9 783×3 598×2 352 mm，可装夹最大砂轮宽度大于等于 100 mm，工件转速大于等于 200r/min，砂轮线速度大于等于 17.5/35 m/s，工作台移动速度 0.1～3 000 mm/min，中心高大于等于 500 mm，磨削直径范围为 Φ30 mm～Φ950 mm，最大磨削工件长度大于等于 3 000 mm，砂轮架横向进给手轮一转移动量粗/细为 2 mm/0.5 mm，砂轮架横向进给手轮一格移动量粗/细为 0.01 mm/0.002 5 mm，磨削圆度小于等于 0.002 5 mm，纵截面直径一致性小于等于 0.008 mm，外圆表面粗糙度小于等于 Ra0.4 μm。

3.1.3.4　磨削用砂轮整备工艺

白刚玉砂轮具有自锐性好、磨削力及磨削热较小等特点，因此车轴磨削一般选用白刚玉砂轮。砂轮的粒度根据车轴加工的粗糙度来选择，一般 Ra1.6 采用 46♯砂轮，Ra0.8 采用 60♯砂轮。砂轮在安装之前，必须先进行砂轮静平衡检测（如图 3.10 所示），既需要将砂轮装在平衡心轴上，然后再吊放到平衡架上，砂轮不平衡时会自行摆动，通过在砂轮法兰盘的沟槽中加平衡块的方法来对砂轮进行平衡，平衡好的砂轮可以在任意位置都静止不动。砂轮在开始磨削之前，必须先用金刚石修整工具（图 3.11 所示）对砂轮进行整形和修锐以便确保砂轮能够达到最佳磨削效果。

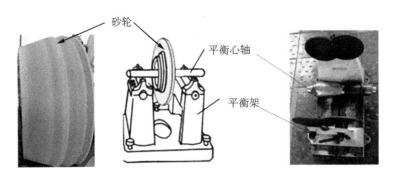

砂轮

平衡心轴

平衡架

图 3.10　砂轮静平衡示意图

图 3.11　金刚石修整工具

3.1.4　车轴加工实际切削应用示例

针对图 3.1 所示的动车车轴加工主要切削工序示例简要说明如下。

第 1 工序：车轴精车，具体见图 3.12 所示的车轴精车加工工序卡片（一）和图 3.13 所示的车轴精车加工工序卡片（二），车削所用刀具见图 3.14 所示。

文件名称	产品型号	产品名称	零部件图号	零部件名称	文件编号		
车轴加工工艺流程							
工序号	1	工序名称	车轴精车	设备名称	数控车床	设备型号	

附图1	工步号	工艺方法、技术要求	切削深度	走刀次数	进给量/(mm/min)	转数/(r/min)	刀具名称规格	量具名称规格
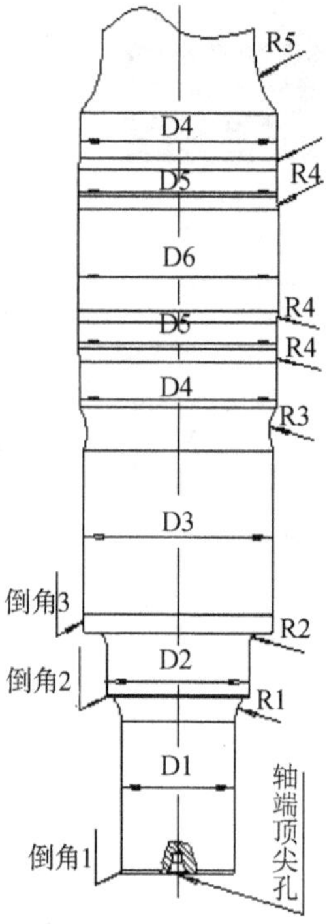	1	将车轴吊放在车轴托架上，在车轴端顶尖孔内涂专用研磨油，装上车轴拨盘驱动夹具并由卡盘夹紧。						
	2	车削轴端倒角1，Ra3.2；车滥用轴颈 D1（+0.4，+0.5），车削轴颈与防尘板座间圆弧 R1，Ra3.2。	1～2	2	80～150	300～500	外圆车刀	外径千分尺
	3	车削防尘板座倒角2，防尘板座直径 D2（+0.4，+0.5），防尘板座与轮座间圆弧 R2，Ra3.2	1～2	2	80～150	300～500	外圆车刀	外径千分尺
	4	车削轮座倒角3，车削轮座直径 D3（+0.4，+0.5），车削轮座与挡油环座间圆弧 R3，Ra3.2	1～2	2	40～100	250～420	外圆车刀	外径千分尺 R3曲线样板

图 3.12　车轴精车加工工序卡片（一）

文件名称	产品型号	产品名称	零部件图号	零部件名称	文件编号		
车轴加工工艺流程							
工序号	1	工序名称	车轴精车	设备名称	数控车床	设备型号	

附图1	工步号	工艺方法、技术要求	切削深度	走刀次数	进给量/(mm/min)	转数/(r/min)	刀具名称规格	量具名称规格
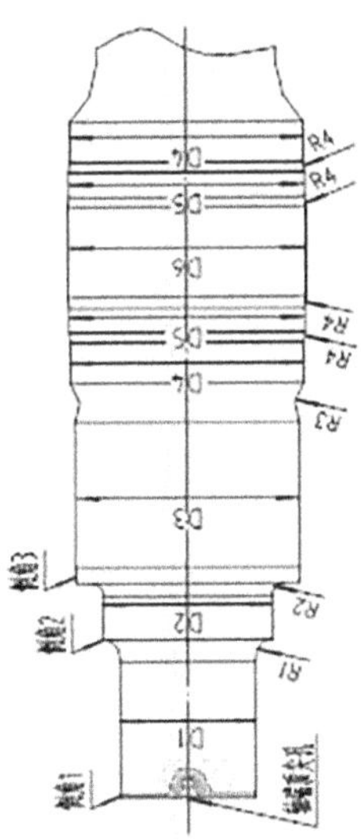	5	车削挡油环座 D4（+0.4, +0.5），Ra3.2	1~2	2	40~100	250~420	外圆车刀	外径千分尺
	6	车削挡油环与轴承座间圆弧 R4，Ra3.2	1~2	2	40~100	250~420	外圆车刀	R4曲线样板
	7	车削轴承座 D5（+0.4, +0.5），Ra3.2	1~2	2	40~100	250~420	外圆车刀	外径千分尺
	8	车削轴承座与齿轮座间圆弧 R4，Ra3.2	1~2	2	40~100	250~420	外圆车刀	R4曲线样板
	9	车削齿轮座 D6（+0.4,+0.5），Ra3.2	1~2	2	40~100	250~420	外圆车刀	外径千分尺
	10	转动刀塔换反刀加工，重复工步2~8，完成车轴另一端轴径、防尘板座、轮座和齿轮座另一侧的挡油环座、轴承座和圆弧 R4 的加工	1~2	2	40~100	250~420	外圆车刀	外径千分尺

图 3.13 车轴精车加工工序卡片（二）

车刀（安装在刀塔上）

车削圆弧刀片　精车刀片（刀尖圆弧较小）　半精车刀片（刀尖圆弧较大）

图 3.14 车轴车削用刀具

第 2 工序：车轴滚压，具体见图 3.15 所示的车轴滚压加工工序卡片。

文件名称	产品型号	产品名称	零部件图号	零部件名称	文件编号		
车轴加工工艺流程							
工序号	2	工序名称	车轴滚压	设备名称	普通车床	设备型号	

附图 1	工步号	工艺方法、技术要求	切削深度	走刀次数	进给量/(mm/min)	转数/(r/min)	刀具名称 规格	量具名称 规格
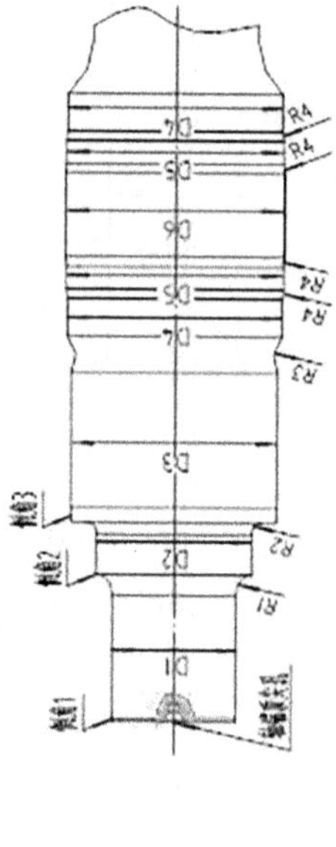	1	将车轴吊放在支撑架上，检查、清理两端中心孔，并在中心孔内涂专用研磨油，由顶尖顶起，卡盘夹紧，将刀架移至靠尾架侧轴端						
	2	滚压轴径倒角 1 保证圆滑过渡，Ra1.6		1～3	30～60	400～550	滚压头	
	3	滚压挡环座与轴承座间圆弧 R4，Ra1.6		1～3	30～60	400～550	滚压头	
	4	滚压轴承座与齿轮座间圆弧 R4，Ra1.6		1～3	30～60	400～550	滚压头	
	5	松开卡盘与顶尖，将车轴放在支撑架上，然后将车轴吊起旋转 180°，重复 2～4 工步内容完成车轴另一端轴径和齿轮座另一侧圆弧 R4 滚压						

图 3.15 车轴滚压加工工序卡片

第 3 工序：轴径及防尘板座磨削，具体见图 3.16 所示的轴径及防尘板座磨削加工工序卡片。

文件名称	产品型号	产品名称	零部件图号	零部件名称	文件编号		
车轴加工工艺流程							
工序号	1	工序名称	轴径及防尘板座磨削	设备名称	斜切入式磨床	设备型号	
附图 1			工步号	工艺方法、技术要求	切削深度	走刀次数	进给量/(mm/min)	转数/(r/min)	刀具名称规格	量具名称规格

工步号	工艺方法、技术要求	切削深度	走刀次数	进给量/(mm/min)	转数/(r/min)	刀具名称规格	量具名称规格
1	将车轴吊放在托架上，检查、清理轴端顶尖孔并在中心孔内涂专用研磨油，轴端装上拨盘，由顶尖顶起夹紧						
2	车检测轴马鞍山两端径向跳动，该值应不大于 0.05 mm						
3	磨削轴颈 D1，磨削轴颈与防尘板座间圆弧 R1，磨削防尘板座 D2，磨削防尘板座与轮座间圆弧 R2，Ra1.6	0.2～0.25		径向 0.01 横向 30～40	30～50	46# 白刚玉砂轮	外径千分尺 R1 曲线样板 R2 曲线样板

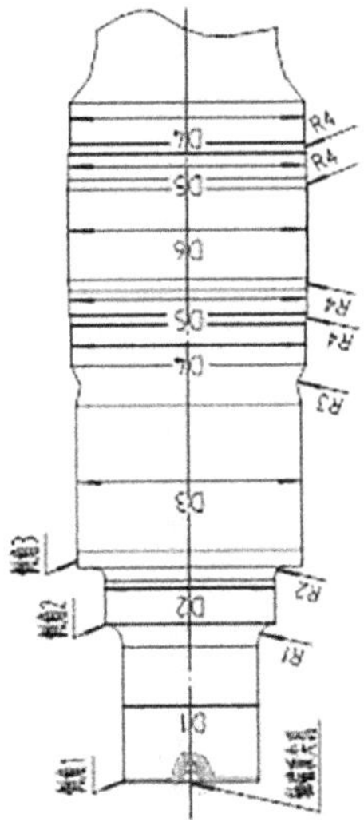

图 3.16　轴径及防尘板座磨削加工工序卡片

第 4 工序：齿轮箱座磨削，具体见图 3.17 所示的齿轮箱座磨削加工工序卡片。

文件名称	产品型号	产品名称	零部件图号	零部件名称	文件编号	
车轴加工工艺流程						
工序号	1	工序名称	齿轮箱座磨削车	设备名称	数控车床	设备型号

附图1	工步号	工艺方法、技术要求	切削深度	走刀次数	进给量/(mm/min)	转数/(r/min)	刀具名称规格	量具名称规格
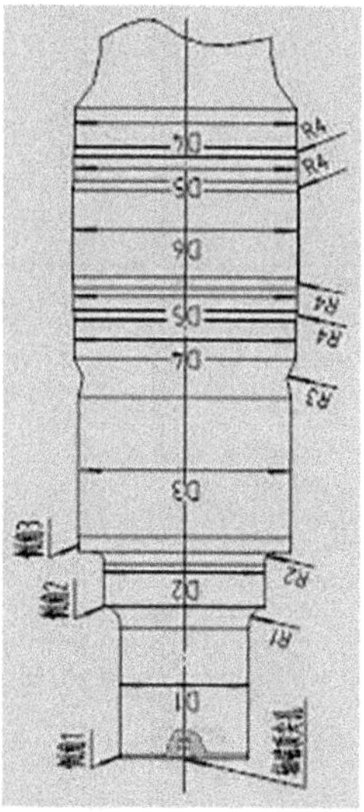	1	将车轴吊放在托架上，检查、清理轴端顶尖孔并在中心孔内涂专用研磨油，轴端装上拨盘，由顶尖顶起夹紧						
	2	检测轴颈两端径向跳动，该值应不大于 0.05 mm						
	3	磨削挡油环座 D4，Ra1.6	0.2～0.25		径向0.01 横向30～40	30～50	46#白刚玉	外径千分尺
	4	磨削轴承座 D5，Ra1.6	0.2～0.25		径向0.01 横向30～40	30～50	46#白刚玉	外径千分尺
	5	磨削齿轮座 D6，Ra1.6	0.2～0.25		径向0.01 横向30～40	30～50	46#白刚玉	外径千分尺

图 3.17　齿轮箱座磨削加工工序卡片

第 5 工序：轮座磨削，具体见图 3.18 所示的轮座磨削加工工序卡片。

文件名称	产品型号	产品名称	零部件图号	零部件名称	文件编号				
车轴加工工艺流程									
工序号	1	工序名称	轮座磨削	设备名称	直切入式磨床	设备型号			
附图 1			工步号	工艺方法、技术要求	切削深度	走刀次数	进给量/(mm/min)	转数/(r/min)	刀具名称规格	量具名称规格
			1	将车轴吊放在托架上，检查、清理轴端顶尖孔并在中心孔内涂专用研磨油，轴端装上拨盘，由顶尖顶起夹紧						
			2	检测轴颈两端径向跳动，该值应不大于 0.05 mm						
			3	磨削轮座 D3, Ra1.6	0.2～0.25		径向 0.01横向 30～40	30～50	46#白刚玉砂轮	外径千分尺
			4	松开顶尖，将车轴放在托架上，将车轴吊起旋转 180°，重复工步 3 内容完成车轴一侧轮座磨削						

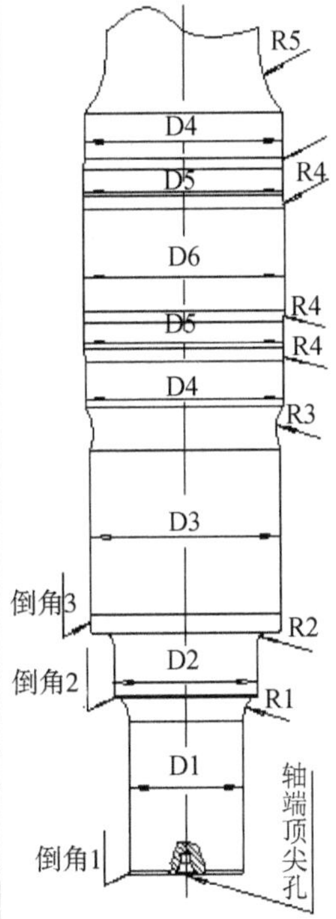

图 3.18　轮座磨削加工工序卡片

3.2　车轮加工工艺技术

车轮加工是将车轮周身通过机械全加工方法保证设计产品图纸尺寸精度及装配要求的一种工艺技术。目前为了提高轮对装配生产效率，正在应用的是从采购的半成品车轮（车轮周身、车轮注油孔已经加工好仅和车轴配合的车轮孔直径留 5 mm 加工余量）开始的加工，这种情况下的车轮加工主要工艺流程见图 3.19 所示，现对车轮主要加工的车轮孔车削和车轮静平衡工艺简要说明如下。

图 3.19　车轮加工主要工艺流程

3.2.1　车轮孔车削工艺技术

车轮孔在加工前需要将车轮放倒在铺有橡胶皮（防止车轮表面磕碰伤）的地面上并保证车轮轮缘朝下，应采用专用吊具实现车轮呈水平状态吊运，所采用的吊具不能影响车轮正常装夹和加工。

3.2.1.1　车轮孔加工设备

车轮孔车削一般采用图 3.20 所示的数控立车完成，该设备主要由床身、横梁升降机构、回转工作台带三爪液压自定心卡盘、垂直滑枕能够自动更换立式刀架、刀架库（最大刀具质量大于等于 50 kg）、自动排屑装置、刀具冷却润滑系统、数控系统（数字全闭环控制）等构成，车轮通过专用吊具保证车轮轮缘朝下水平吊放到图 3.21 所示的设备回转工作台的 3 点水平支撑上，然后三爪自定心卡盘自动夹紧在车轮踏面上并保证车轮中心和设备回转工作台中心同轴度应小于等于 0.1 mm，在车轮一次装夹条件下，完成图 3.22 所示车轮孔的粗车、半精车、精车和注油环槽车削（注油环槽车削时应与半成品车轮已经加工好的注油孔对正）等加工。

该设备总功率约 65 kVA，外形尺寸长×宽×高约 4 600 mm×5 200 mm

×5 400 mm，最大车削直径大于等于 Φ1 350 mm，最大工件高度大于等于 Φ1 200 mm，主轴转速采用两段控制（低速为 1～140 r/min、高速为 140～350 r/min），刀架刀柄尺寸规格为 BT50，X/Z 轴定位精度/重复定位精度小于等于0.01 mm/0.005 mm，粗糙度 Ra1.6 μm。

图 3.0　数控立车设备

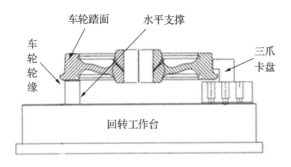

图 3.21　车轮在回转工作台上装夹示意图

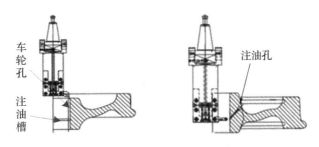

图 3.22　车轮孔及注油环槽车削示意图

3.2.1.2 车轮孔加工实际切削应用示例

针对图 3.21 和图 3.22 所示的车轮装夹和车轮孔及注油槽在图 3.20 所示数控立车设备加工示例简要说明如下。

（1）车轮装夹，具体见图 3.23 所示的车轮装夹工序卡片。

文件名称		产品型号	产品名称	零部件图号	零部件名称	文件编号		
车轮加工工艺流程								
工序号	1	工序名称	车轮装夹	设备名称	数控立车	设备型号		
附图 1		工步号	工艺方法、技术要求	切削深度	走刀次数	进给量/(mm/min)	转数/(r/min)	刀具名称规格	量具名称规格
		1	将车轮按附图 1 所示吊放到设备的回转工作台上，并进行定位夹紧。用百分表检测车轮踏面相对于工作台回转中心的跳动量应小于等于 0.1 mm，否则通过在夹爪和车轮踏面之间垫合适厚度的铜皮来保证						

图 3.23 车轮装夹工序卡片

（2）轮毂孔加工，具体见图 3.24 所示的轮毂孔加工工序卡片，轮毂孔粗车车刀刀片见图 3.25 所示，轮毂孔精车车刀刀片见图 3.26 所示。

文件名称	产品型号	产品名称	零部件图号	零部件名称	文件编号
车轮加工工艺流程					

工序号	2	工序名称	轮毂孔加工	设备名称	数控立车	设备型号	

附图2	工步号	工艺方法、技术要求	切削深度	走刀次数	进给量/(mm/min)	转数/(r/min)	刀具名称规格	量具名称规格
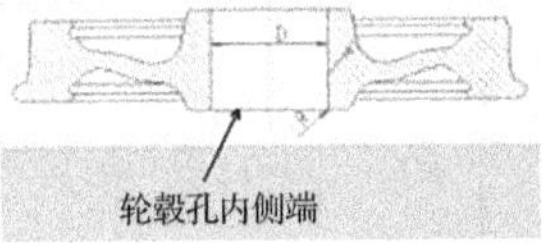	1	粗车轮毂孔直径D,直径方向留1.5mm加工余量,粗糙度Ra12.5	1.5~2.5	1	30	100	粗车车刀CNMG190612-MRP	游标卡尺0~300mm
	2	半精车轮毂孔直径D,直径方向留0.5mm加工余量,粗糙度Ra6.3	0.5	1	30	150	精车车刀DNMG150608E-M	内径千分表160~250mm
轮毂孔内侧端	3	精车轮毂孔直径D,保证孔圆柱度0.02mm且孔直径大的一端是在轮毂孔内侧端,粗糙度Ra3.2	0.25	1	20	200	精车车刀DNMG150608E-M	内径千分表160~250mm
	4	车削圆角R,粗糙度Ra6.3	1~2	1~2	15	100	精车车刀DNMG150608E-M	

图 3.24 轮毂孔加工工序卡片

图 3 25　轮毂孔粗车车刀刀片　图 3.26　轮毂孔精车车刀刀片

（3）轮毂孔注油槽加工，具体见图 3.27 所示的轮毂孔注油槽加工工序卡片，注油槽精车车刀刀片见图 3.28 所示。

文件名称		产品型号	产品名称	零部件图号	零部件名称	文件编号	
车轮加工工艺流程							
工序号	3	工序名称	轮毂孔注油槽加工	设备名称	数控立车	设备型号	
附图 3		工步号	工艺方法、技术要求	切削深度	走刀次数	进给量/(mm/min)	转数/(r/min)	刀具名称规格	量具名称规格
		1	车削注油槽度 Ra6.3	1～3	1	15～20	40～60	精车车刀 RCMT 10T3 MOE -UR	

图 3.27　轮毂孔注油槽加工工序卡片

图 3.28　注油槽精车车刀刀片

3.2.2 车轮静平衡工艺技术

车轮加工后一般采用图 3.29 所示的车轮静平衡设备进行检测静不平衡量是否满足技术要求，车轮静平衡应满足车轮产品图纸的相应规定及要求。车轮静平衡设备结构主要由床身、平衡桥架带液压升降上下料托架、平衡主轴带自动定位夹紧装置、测量系统（具有自动补偿、自动校验、自动生成报告及打印等功能）等构成，该设备的车轮上下料及定位夹紧机构如图 3.30 所示，车轮上料时应保证车轮轮缘朝上通过悬臂吊或天车吊放到上下料托架上，并通过上下料托架上的车轮预定位机构实现车轮和设备旋转中心对正放置，液压升降台下降将车轮放置到平衡机卡爪上，车轮中心孔自动定位夹紧装置气动夹紧车轮，然后自动测量不平衡量的大小及角度并能够输出打印，测量完成后，车轮中心孔自动定位夹紧装置松开车轮，液压升降台上升将车轮送到上下料位置。当车轮静平衡测量值超标时，需要在图 3.31 所示的轮辋位置通过偏心加工（轮辋处最大偏心加工量应小于等于 4 mm）去除部分轮辋质量，偏心加工轮辋处表面应圆滑过渡到相邻表面，然后再进行车轮静平衡检测，直到车轮剩余静不平衡量达到规定的许用静不平衡量为止，车轮静平衡检测合格后应在车轮内侧端面上标出剩余静不平衡量数值及方向标记。

车轮静平衡设备总功率约 11 kW，可平衡工件外直径为 $\Phi600 \sim 1\,500$ mm、内孔直径为 $\Phi110 \sim 260$ mm、整体厚度为 $130 \sim 300$ mm、质量为 $200 \sim 600$ kg，平衡转速为 $100 \sim 300$ r/min，最小可达剩余不平衡量小于等于 1.2 g·mm/kg，不平衡一次减低率大于等于 95%，设备灵敏度小于等于 80 g·mm，角度灵敏度小于等于 1°。

图 3.29 车轮静平衡设备图

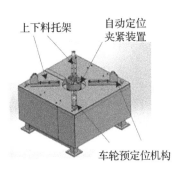

图 3.30 车轮上下料及定位夹紧机构示意图

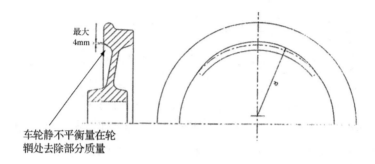

车轮静不平衡量在轮
辋处去除部分质量

图 3.31 车轮静不平衡量去重位置示意图

第4章 轮对镟修加工工艺技术

轮对镟修加工（图4.1所示）是将轮对的车轮踏面（车轮踏面表面硬度为HB270～HB350）和制动盘面通过机械加工方法保证车辆运行安全及检修要求的一种工艺技术，其中车轮踏面是由各种曲线、直线和圆弧构成，因此车轮踏面加工需要采用数控仿形加工（图4.2所示）完成。根据车辆运营维护在不分解情况下的整列车轮对镟修加工和车辆需要分解拆下来的单条轮对镟修加工，分为整列车的不落轮镟修加工和单条轮对落轮镟修加工两种形式，落轮镟修加工根据所采用的轮对装夹驱动及加工设备的不同又分为轮对镟修专机加工和轮对通用数控车床加工两种方式，现分别对上述各种轮对镟修加工工艺简介如下。

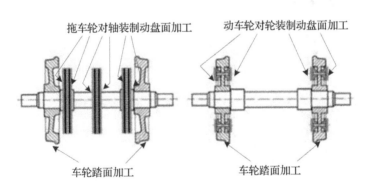

图4.1 轮对镟修加工示意图

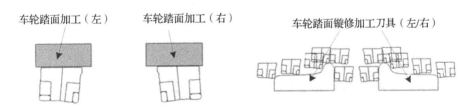

图4.2 轮对车轮踏面仿形加工示意图

4.1 整列车不落轮镟修加工工艺技术

不落轮镟修加工设备结构形式见图 4.3 所示，主要由床身、轨道系统、车轮踏面支承滚轮装置、轴箱支撑装置、轴箱上部下压装置、轮对横向固定滚轮装置、刀架系统、测量装置（布置在刀架滑座上并设置自动开关门防护）、控制/操作系统、电气系统、液压系统、润滑系统、集屑/碎屑/排屑系统、吸/排烟尘系统、故障自动诊断及远程通信诊断系统等构成，是以轮对的旋转中心为中心进行车轮踏面的镟修，其中动车组车辆不落轮镟修加工执行 TJ/CL458—2016《动车组不落轮车床暂行技术条件》。

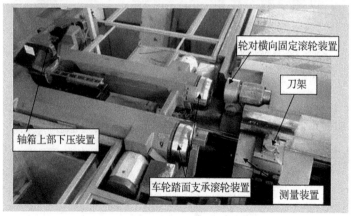

图 4.3 不落轮镟修加工设备

加工时车辆先低速行驶到设备轨道系统的滑动轨道上，当轮对达到镟修加工位置时设备会自动提示，这时车辆应停止行驶，然后每个车轮下部的两个滚轮支承车轮踏面由液压驱动同步上行抬升轮对使车轮踏面脱离开轨道，并通过轮对每侧轴端处布置的轴箱支撑装置和轴箱上部下压装置共同作用保证在加工过程中轮对轴线可以保持固定不动，并能够使轮对车轮踏面与双滚轮摩擦驱动支撑接触良好，便于更好地实现轮对旋转加工，轮对装夹状态下受力情况见图 4.4 所示，P 为滚轮支承装置对车轮的压紧力，P_1 为车轴的 1/2 负荷，P_2 为轴箱上部下压装置的下压力，P_3 为轴箱支撑装置的支承力，$P = P_1 + P_2 - P_3$。然后轮对横向固定滚轮装置（图 4.5 所示）沿纵向和横向移动实现将侧压滚轮贴靠在轮对的车轮的内侧端面上，保证轮对加工过程中不会发生轴向窜动。轮对在进行动刀加工前，设备的自动测量装置（图 4.6 所示）需要先对轮对进行定位测量和磨耗测量，定位测量是对轮对在设备坐标系的位置予以测量和确定；磨耗测量是对轮对踏面轮廓的车轮滚动圆直径、轮缘高度、轮缘厚度、轮对内侧距、径向跳动、端面跳动等特定点处的磨损量进行测量。其中车轮滚动圆直径测量需要在车轮的外端面上贴一层反射膜，并通过光电脉冲编码器采集车轮的圈数；测量装置的带脉冲编码器测量滚轮自动移动并接触到车轮滚动圆（距离车轮内侧面 Z 处、一般 Z 为 70 mm）上，自动采集车轮旋转一圈下的测量滚轮旋转的圈数，测量滚轮的圈数乘以测量滚轮的周长即为车轮滚动圆的周长，车轮滚动圆的周长除以 $\pi \approx 3.1415926$ 从而自动算出车轮滚动圆的直径。上述各测量值与在控制系统中的参考标准的轮廓进行比较，以便确定所需的最佳切削深度。然后数控刀架系统在数字电机和 CNC 控制下，可以实现对轮对踏面或制动盘面的镟修加工作业，车轮踏面镟修加工刀具见图 4.7 所示，该刀具（左）和（右）刀夹型号分别为 L177.32.3219-19、L177.32-3223-19 和 R177.32.3219-19、R175.32.3223-19，刀片型号为 LNUX19 1940-PF-GC4025，刀具品牌为 SADVIK。针对制动盘面加工，需要更换不同的刀夹及刀片。

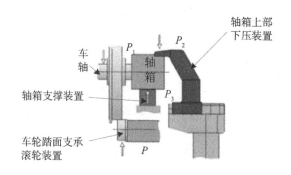

图 4.4 轮对装夹时受力情况示意图

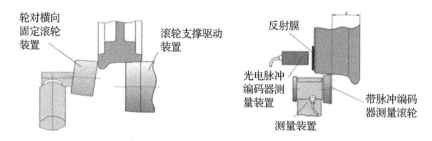

图 4.5 轮对横向固定滚轮装置   图 4.6 自动测量装置

图 4.7 车轮踏面镟修加工刀具

　　该设备总功率约 100 kVA，外形尺寸长×宽×高约 6 000 mm×2 500 mm
×2 300 mm，最大允许车辆轴重大于等于 18 t，轨距为 1 435 mm，轮对轴长
范围约 1 600～2 600 mm，车轮直径范围约 Φ550～Φ1 400 mm，轮辋宽度范
围约 75～155 mm，同一条轮对上的 2 个车轮的最大直径差小于等于
0.15 mm，同一转向架上 4 个车轮的最大直径差小于等于 0.3 mm，踏面轮廓

度误差小于等于0.3 mm，最大切削截面积大于等于 6 mm²，最大切削线速度大于等于70 m/min，粗糙度 Ra12.5 μm。

表 4.1 为不落轮对车轮踏面镟削加工主要工艺流程及所需时间分析（示例），车轮加工尺寸规格：将一条轮对 2 个磨损车轮的 Φ840 mm 加工成新的 Φ830 mm（切削深度 5 mm，2 刀加工完成），轮辋宽度 135 mm，每个车轮大约切削长度 210 mm；第 1 刀加工参数：$t=3$，$f=1.2$ mm/r，$v=45$ m/min，$n=17.06$ r/min，切削横截面积 3.6 m²，切削时间约为 10.26 min；第 2 刀加工参数：$t=2$，$f=1$ mm/r，$v=60$ m/min，$n=22.91$ r/min，切削横截面积 2 m²，切削时间约为 9.17 min；加工一条轮对所需时间总计约为 37 min。示例中 t——切削深度，f——进给量，v——切削速度，n——轮对转速。

表 4.1　轮对车轮踏面镟修加工主要流程及所需时间分析

序号	加工工艺主要流程	时间/min
1	车辆牵引到加工工位上，加工数据输入	5
2	轮对定位和夹紧	5
3	轮对加工前测量	2
4	同一条轮对两个车轮镟修加工（2 刀）	19.43
5	轮对加工后测量	2
6	轮对夹紧松开	3
7	加工一条轮对所需时间统计	36.43

4.2　落轮轮对镟修专机加工工艺技术

落轮轮对镟修加工设备根据轮对装夹驱动系统不同一般分为滚轮夹紧和卡爪夹紧 2 种。滚轮夹紧见图 4.9 所示，下部支承滚轮支承轮对的重量及上部下压滚轮的力并摩擦驱动轮对旋转；卡爪夹紧见图 4.10 所示，用液压卡爪卡紧轮对车轮的轮辋外侧内圆表面驱动轮对旋转。落轮轮对镟修加工设备以轮对的中心孔为中心进行车轮踏面、制动盘面的镟修加工。现分别简述如下。

4.2.1 滚轮夹紧驱动轮对旋转镟修加工设备

该设备（图4.8所示）主要由床身、轮对装夹驱动系统、左右数控刀架、自动测量系统、自动排屑装置、液压系统、电气控制系统（数字半闭环控制）等构成。轮对采用人工推动或用厂房天车吊到设备顶尖处，自动实现轮对升起与主轴顶尖对正、顶紧和设备横向中心对中，然后自动进行轮对滚轮夹紧（一般有滚轮夹紧轮对车轮轮缘和踏面两种形式）、测量和镟修加工作业。

图 4.8 滚轮夹紧驱动轮对旋转镟修加工设备

该设备用电总功率约 190 kVA，外形尺寸长×宽×高约 14 000 mm×6 500 mm×3 000 mm，最大允许工件质量大于等于 5 t，轨距为 1 435 mm，轮对轴长范围约 1 600～2 600 mm，车轮直径范围约 Φ600～Φ1 250 mm，制动盘直径范围约 Φ280～Φ940 mm，轮辋宽度范围约 120～145 mm，最大切削截面积大于等于 10 mm², 切削线速度范围约 5～500 m/min，车轮踏面加工后滚动圆径向跳动小于等于 0.1 mm，形面误差小于等于 0.2 mm，同一轮对两车轮踏面加工后直径差小于等于 0.2 mm，制动盘面加工后端面跳小于等于 0.2 mm，车轮踏面加工后粗糙度 $Ra6.3 \mu m$，制动面加工后粗糙度 $Ra3.2 \mu m$。

4.2.2　卡爪夹紧驱动轮对旋转镟修加工设备

该设备（图 4.9 所示）主要由床身、左右床头箱及顶尖装置、左右数控刀架、自动测量系统、轮对升降装置、液压系统、电控系统（半闭环控制）、润滑系统等部分组成。轮对采用厂房天车或人工推动到设备的轮对升降装置上，通过左右床头箱的顶尖装置将轮对顶紧，并通过左右卡盘上分别装有两个液压弧形卡爪卡紧轮对车轮的轮辋外侧内圆表面，然后自动进行轮对测量和镟修加工作业。

该设备用电总功率约 100 kW，外形尺寸长×宽×高约 7 000 mm×2 400 mm×2 100 mm，最大允许工件质量大于等于 3 t，轨距为 1 435 mm，轮对轴长范围约 2 000～2 610 mm，轮对装卡直径范围 $\Phi520～\Phi900$ mm，车轮直径范围约 $\Phi600～\Phi1$ 100 mm，制动盘直径范围约 $\Phi280～\Phi940$ mm，轮辋宽度范围约 120～140 mm，最大切削截面积大于等于 8 mm²，主轴转速范围约 6～60 r/min，刀架进给量范围横向（X）和纵向（Z）分别为 0.5～2 mm/r，车轮踏面加工后滚动圆径向跳动小于等于 0.2 mm，形面误差小于等于 0.2 mm，同一轮对两车轮踏面加工后直径差小于等于 0.2 mm，加工端面跳动小于等于 0.2 mm，加工表面粗糙度 $Ra6.3 \mu m$。

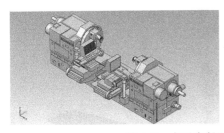

图 4.9　卡爪夹紧驱动轮对旋转镟修加工设备

4.2.3　落轮镟修加工设备自动测量系统

落轮镟修加工设备的每个数控刀架上都配有自动测量系统，用于测量图 4.10 所示车轮踏面轮廓各个测量位置数据以确定刀架的定位和切削深度等，其中测量点"0"确定轮对内侧距、刀架定位、车轮端面跳动，测量点"1"确定轮缘直径，测量点"5"确定车轮滚动圆直径和车轮径向跳动，在测量点"1"至"6"区域内连续测量根据车轮踏面磨损状态和轮廓偏差确定切削深度，测量点"7"确定轮辋宽度（根据需要）。

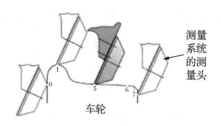

图 4.10 车轮踏面轮廓测量位置示意图

4.2.4 落轮镟修加工刀具

图 4.11 所示为车轮踏面加工刀具：右刀座和左刀座分别安装刀垫型号为 200.32.01.72.R.75.2、R175.32-3223-30 和 200.32.01.72.L.75.2、L175.32-3223-30，刀片型号为 299.4356 425、LNUX301940-PRGC4025，刀具品牌为 SADVIK。

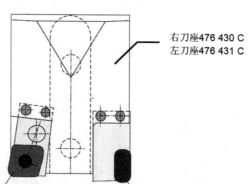

图 4.11 车轮踏面镟修加工刀具示意图

图 4.12 所示为轴装制动盘镟修加工刀具：刀架上安装刀座型号 PDJNL20CA15（序号 1 所示）和 PDJNR20CA15（序号 2 所示），刀片型号为 DNMG150608-CT

TN7010（序号 3 所示），刀具品牌为 SADVIK。图 4.14 所示为轮装制动盘镟修加工刀具：刀架上安装刀座（序号 1 和 2 所示），刀片型号为 DNMG150608-CT TN7010（序号 3 所示），刀具品牌为 SADVIK。

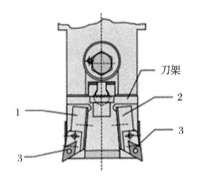

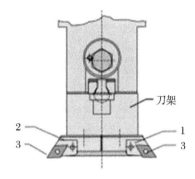

图 4.12　轴装制动盘镟修加工刀具示意图　　图 4.13　轮装制动盘镟修加工刀具示意图

4.3　通用数控车床轮对镟修加工工艺技术

该设备（图 4.14 所示）主要由床身、轮对升降装置、主轴箱及四爪卡盘、床鞍与滑板、数控刀架、尾座、液压及润滑系统、冷却及排屑系统、电气控制系统等部分组成。先在轮对一端安装轮对轴径夹紧装置（图 4.15 所示），然后将轮对用厂房天车吊放到设备的轮对升降支承装置上，并通过主轴箱和尾座的顶尖装置将轮对顶紧，然后人工用四爪卡盘将轮对轴径夹紧装置锁紧固定，并用磁力百分表打轴径的径向跳动应小于等于 0.03 mm。设计制造轮对镟修加工专用刀架（图 4.16 所示）安装到设备数控刀架上，专用刀架主要由 2 个车轮镟修加工刀具安装座和 2 个制动盘镟修加工刀具安装座组成，其中车轮镟修加工刀具安装座上各装有一个型号为 R175.32-5055M 和 L175.32-5055M 刀夹接杆，并各装有一个型号为 R175.32-3223-19、R177.32-3219-19 和 L175.32-3223-19、L177.32-3219-19 车削刀夹，刀夹上装有型号为 LNMX191940-PM4215 车刀片。制动盘镟修加工刀具安装座各装夹一个型号为 PSKNR16CA-12、PSKNL 16CA-12 车削刀夹，刀夹上装有型号为 SNMG120408-PF4315 车削刀片，刀具品牌均为 SANDVIK。由于轮对镟修加工专用刀架的尺寸规格较大，刀架旋转时会和轮对发生干涉，因此轮对镟修加工时需要将车轮镟修加工和制动盘镟修加工分开二次装夹进行。拖车轮对的左右两侧车轮可以一次装夹镟修加工完成，动车轮对镟修加工时由于将其自带的齿轮箱需要支承在设备床身上，造成刀架移动范围受到限制，因此针对动车轮对车轮镟修需要掉头两次装夹加工完成。

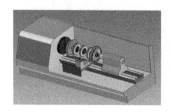

图 4.14　通用数控车床轮对镟修加工设备

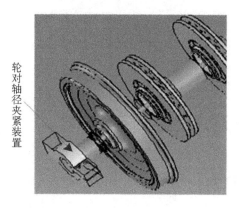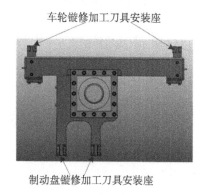

图 4.15　轮对轴径夹紧装置安装示意图　　图 4.16　轮对镟修加工专用刀架安装示意图

该设备用电总功率约 51 kVA，外形尺寸长×宽×高约 6 650 mm×2 725 mm×2 590 mm，床身上最大回转直径大于等于 Φ1 250 mm，滑板上最大回转直径大于等于 Φ820 mm，最大切削长度大于等于 2 900 mm，主轴最高转速大于等于 500 r/min，主电机连续输出功率大于等于 22 kW，卡盘直径大于等于 Φ800 mm，最大切削力大于等于 25 kN，最大承重大于等于 5T（轴类件），加工精度 IT6～IT7，加工工件圆度小于等于 0.01 mm，加工直径的一致性小于等于 0.03 mm/300 mm，加工工件平面度小于等于 0.025 mm/Φ300 mm，X 轴定位精度/重复定位精度小于等于 0.03 mm/0.012 mm，Z 轴定位精度/重复定位精度小于等于 0.06 mm/0.025 mm。加工工件表面粗糙度：外圆不超过 Ra1.6 μm，圆弧面、圆锥面不超过 Ra3.2 μm。

4.4　轮对镟修加工后检测工艺技术

轮对镟修加工后需要对车轮踏面外轮廓、车轮端面跳动、车轮径向跳动、车轮直径、制动盘摩擦面磨损度、动平衡等进行检测，动车组轮对还需要对车轮多边形（主要有图 4.17 所示的偏心、椭圆、三边形和四边形等高阶多边形）、等效锥度（执行 TB/T3332－2013《铁路应用 确定轮轨等效锥度的方法》标准）在轮对镟修加工设备或轮对动平衡机上进行轮对旋转起来检测。车轮踏面外轮廓采用符合相应标准的样板（图 4.18 所示）进行检测，车轮踏面滚动圆直径采用图 4.19 所示轮径尺进行检测，车轮端跳及径跳在轮对动平衡检测时用磁力百分表人工检测。

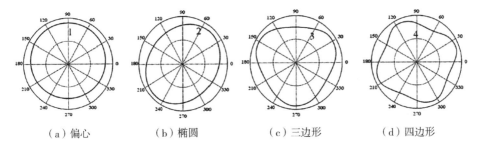

（a）偏心　　　　（b）椭圆　　　　（c）三边形　　　　（d）四边形

图 4.17　车轮踏面外圆周期性多边形示意图

车轮踏面外轮廓检测样板

图 4.18　车轮踏面外轮廓样板检测示意图　　图 4.19　车轮滚动圆直径测量尺示意图

第5章 转向架组成装配工艺技术

5.1 构架组成装配工艺技术

转向架组成中的大部分零部件如基础制动装置、中央牵引装置、一系及二系悬挂装置等均需要装配在构架加工完成的各个装配表面及眼孔上，构架组成装配主要是指将设计安装在构架组成上的零部件与构架组成装配完成达到能够与轮对组成进行转向架落成装配要求的一种工艺技术，构架组成装配为了下一步转向架落成装配而准备的，需要将转向架组成中除了轮对轴箱装置以外的基础制动装置、一系悬挂装置、二系悬挂装置、中央牵引装置等大部分零部件和构架预先组装一起，构架组成装配根据构架正反面朝上状态一般分为正装和反装装配，构架组成正装装配是转向架构架呈正常工作时状态（构架空气弹簧座表面朝上）进行的装配作业，反之为构架组成反装装配作业。有的构架组成需要翻转进行正反两面装配才能完成构架组成装配的所有内容，因此构架组成装配工序存在装配内容及物料多、装配时间长等特征。目前构架组成装配工艺根据装配生产模式主要有传统定点装配和自动流水装配线两种形式，现分别简要说明如下。

5.1.1 构架组成传统定点装配工艺

该传统定点装配是将构架用天车吊放到一个固定工位上完成构架组成所有装配内容的工艺，一般所需工艺装备主要有图 5.1 所示的构架组装升降机或马凳和其上方布置的桁架车（起重能力应大于等于 5 kN）、天车（起重能力应大于等于 50 kN）等。构架组装升降机或马凳用于支撑构架呈水平状态并保证合适的高度便于构架组成进行零部件装配作业，构架组装升降机一般用于构架不需要翻转在正装状态下就能够完成的构架组成装配作业，马凳一般用于构架需要翻转在正装和反装两种状态下的构架组成装配作业，构架翻转一般采用天车吊构架在长条马凳上进行正反面翻转作业（图 5.2 所示）。构架组成装配时需要采用天车将构架水平吊放到构架组装升降机或马凳上，构架组成装配中较重的、人工搬运困难的零部件采用桁架车进行起吊装配作业，构架组成装配完成后采用天车吊运到缓存场地待进行转向架落成装配作业。该传统定点装配工艺需要人工操控天车吊运及翻转构架组成存在等待天车时间过长、易产生磕碰伤等问题，构架组成所有装配物料都集中放置在一个固定工位处存在物料配送管理混乱等问题，构架组成所有装配内容都集中在一个固定工位完成存在装配效率低、质量管控困难等问题。

桁架

构架组装升降机

图 5.1　构架组成传统定点装配工位

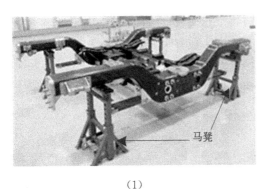

马凳

长条马凳

（1）　　　　　　　　　　　　　（2）

图 5.2　构架翻转工位

构架组装升降机（图 5.3 所示）能够将构架组成升降到合适高度实现构架组成的上下及周边六面的装配作业，该设备采用两套可移动式升降主机构成，可实现单机和双机联动控制，每套升降主机的底架通过液压系统能够抬起实现人工拖动到合适的位置，然后释放液压压力，保证升降主机与地面进行可靠接触。每套升降主机由升降装置、手动液压起升行走装置、托架（承载构架组成）、电控系

图 5.3　构架组装升降机

统等组成,每套升降主机的提升力应大于等于 50 kN,即每套该设备的总计提升力应大于等于 100 kN,该设备的最低升降高度(距地面高度)应小于等于 500 mm,最高升降高度(距地面高度)应大于等于 1 900 mm,即升降行程应大于等于 1 400 mm,升降速度应大于等于 800 mm/min,在全升降行程范围内的不同步量应小于等于 2 mm,设备用电功率约 6.5 kW。

5.1.2　构架组成自动流水装配线工艺

该自动流水装配线工艺是将每个构架组成由传统的固定一个工位完成的所有装配内容采用分成几个工位分步(一般分为 3 个工步)来完成,即每个构架组成通过移动到构架组装 1 步工位、构架组装 2 步工位、构架组装 3 步工位完成各自的装配内容后才最终完成该构架组成的所有装配内容。该自动流水装配线(图 5.4 所示)主要由 3 个构架组装工位、1 个下料工位、1 个上料工位、

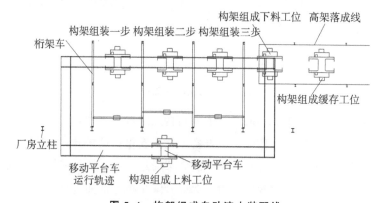

图 5.4　构架组成自动流水装配线

桁架车（用于构架组成装配零部件的吊运）、4 套移动平台车、高架落成线（用于构架组成装配后的下料和转向架落成装配）等组成，每套移动平台车上布置 1 套构架组装升降装置（用于构架正装装配）或构架组装升降翻转装置（用于构架正装和反装装配），构架正装的形式通过在上料工位吊放到构架组装升降装置上，构架组成装配通过构架组装 1 步到构架组装 3 步工位流水作业最终完成构架组成的所有装配，装配完成的构架组成要以正装的形式在下料工位通过高架落成线的程控吊车将构架组成吊放到构架组装缓存工位，然后该移动平台车移动到上料工位进行下一个构架的装载，再移动到构架组装 1 步工位进行构架的第一步装配工作。该自动流水装配线可以将每个构架组成的繁杂装配内容有序地区分开，使各个装配环节的界线清晰，通过对构架组装 1 步到构架组装 3 步工位的生产节拍有控制的要求，能够拉动式地提高构架组装 1 步到构架组装 3 步工位的物料配送质量和效率，从而有效地促进各项生产管理水平的提升，能够从根本上保证转向架的装配质量和生产效率的提高。

移动平台车（图 5.5 所示）的长×宽尺寸大于等于 6 000×4 000 mm，该车四周应设置接触式感应装置防止发生碰撞，并应方便工人上到并站在移动平台车上进行构架组成的各项装配工作。移动平台车采用自动导航方式，能够在线自动充电，能够实现 0°直线纵向移动和±90°横向移动功能，能够实现集中调度控制管理。移动平台车最大运行速度应大于等于 18 m/min，导航精度和停车精度为±15 mm。

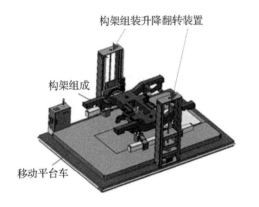

图 5.5　移动平台车

5.2 轮对组成工艺技术

轮对组成一般是指将车轮、制动盘和车轴通过冷压装、注油压装、热装组装在一起的工艺，执行压装标准主要有 TB/T1718.2－2017《机车车辆轮对组装第 2 部分车辆》、TGCL206－2013《铁路客车轮轴组装检修及管理规则》、BS EN13260《铁路应用—轮对与转向架—轮对—产品要求》、UIC813《为动车和拖车提供轮对的技术说明—公差和组装》等。轮对组成主要工艺流程见图 5.6 所示，装配过程中涉及冷装、热装、试验检测、同温测量选配等工艺要求，现对轮对组成中主要工序的工艺技术简述如下。

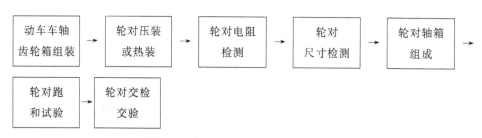

图 5.6　轮对组成装配主要工艺流程

5.2.1 轮对压装工艺

轮对压装主要有人工操控设备的轮对普通压装（图 5.7 所示）工艺和轮对自动压装（图 5.8 所示）工艺两种。人工操控设备压装时需要先人工画出车轴的中心线，轮对压装过程中人工拿采线尺看是否对正车轴中心线，当人工看到采线尺和车轴中心线对正时应立即停止设备压装进程，该工艺一般用于精度要求不高的轮对压装。自动压装是通过设备程序自动控制压装进程来保证轮对压装精度，目前自动压装是轮对压装的主要工艺手段。

轮对自动压装设备主要由液压压头系统、轮对预组装台、轮对自动输送上下料装置、测量系统、控制系统等组成，根据设备安装现场工艺布局可采用往返式或通过式布置结构，轮对压装零部件先在设备的轮对预组装台上进行预组装，然后通过设备的轮对自动输送上下料装置将预组装好的轮对自动取下来并自动输送及上料到轮对压装机的压装工位上，轮对压装机自动完成轮对所有零部件的压装后，再通过轮对自动输送上下料装置将压装好的轮对自动从设备压装工位下料到合适位置便于输送到后续的工序。

图 5.7　轮对普通压装

图 5.8　轮对自动压装

轮对自动压装设备总功率约 24 kW，外形尺寸长×宽×高约 9 500 mm×6 200 mm×1 900 mm，可完成轨距约 900～1 700 mm、轴长 1 600～2 600 mm、车轴直径 130～230 mm、车轮滚动圆直径 700～1 200 mm、制动盘直径 500～670 mm 的轮对压装，双液压压头每个最大压装力为 3 150 kN，压头速度为 0～25 mm/s，压头行程大于等于 600 mm，压头全行程位移精度±0.04 mm，每个压头压力系统输出精度小于等于 1%。该设备具有压力/位移曲线、压力/时间曲线、压头位移/速度图形的屏幕显示和打印功能，具有压装曲线评估标准功能并能够设置相应评估标准，具有反压（止推）试验功能并能够输出打印时间与压力曲线图表。

5.2.2 轮对压装零部件选配及输送工艺

轮对压装生产过程中针对车轴、车轮、制动盘的厂家、型号、尺寸公差及过盈量等信息有不同的选配要求，一般要求同一车轴上应组装同型号、同材质、同厂家生产的车轮及同型号、同材质、同厂家生产的制动盘。传统工艺是人工对车轴、车轮和制动盘的配合部位尺寸进行多次反复测量再进行人工记录，人工根据测量结果进行选配挑出合适的车轴、车轮、制动盘，然后人工将选配好的车轴、车轮、制动盘运输给轮对压装机处再压装至成品轮对，受人为因素的影响造成轮对压装效率低、易出差错、影响车辆运行安全等问题，为了解决这些问题开发了轮对压装智能存取选配输送系统。

该系统如图 5.9、图 5.10 所示。

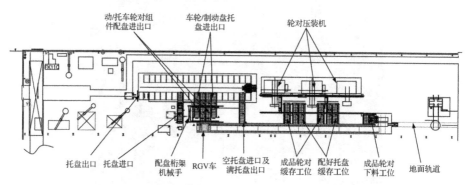

图 5.9 轮对压装智能存取选配输送生产线工艺布置示意图

图 5.10 轮对压装智能存取选配输送系统

该系统主要由1套轮对压装零部件立体库、1套自动堆垛机、1套自动配盘桁架机械手（包括1套1T电动桁架机）、2套轮对零部件托盘输送线、1套自动RGV车、1套托盘入库口、1套空托盘出口、1套轮对零部件托盘出口及空托盘入口、2套轮对零部件托盘出入口、2套车轮或制动盘托盘出入口、1套成品轮对下料线等组成。该系统实现各种动车轮对单元（每条动车轮对包括车轴齿轮箱1条、2个车轮组成等）、拖车轮对单元（每条拖车轮对包括车轴1条、2个车轮、3个制动盘等）的所有轮对压装零部件的二维码生成及扫描检索；实现轮对压装零部件在立体库中的自动存取；实现按车型、厂家、尺寸公差等信息自动配托盘作业（即自动实现将组成一条轮对的合适零部件放置在同一个托盘里的作业）；实现将配好的轮对零部件托盘自动输送给轮对压装机；实现将压装好的成品轮对自动下料输送到地面轨道上等功能。从根本上解决了传统人工选配及输送效率低、易出差错等问题，可提高轮对压装效率30%以上。

5.2.3 轮对压装尺寸测量工艺

轮对压装完成后需要100%测量轮对的内侧距、轮位差、盘位差、车轮及制动盘端面跳动和车轮径向跳动等尺寸精度，传统工艺是人工拿各种测量工具人工测量再人工进行记录（图5.11所示），测量效率低且受人为及测量工具精度等因素的影响经常发生测量结果出现错漏等问题，严重影响铁路车辆的运行安全。为了解决这些问题开发了轮对自动测量机（图5.12所示），该设备主要由主机基座、龙门框架、轮对基准支撑装置、轮对旋转驱动装置、轮对顶紧装置、轮对输送轨道、轮对自动上下料装置、测量系统、电气控制系统等组成，能够实现轮对自动上下料、自动定位装夹、自动测量、自动输出打印测量结果报告、自动判断测量尺寸精度是否合格等功能，该设备较传统人工测量可提高测量效率2倍以上，提高测量精度5倍以上，能够有效保证了轮对压装尺寸精度100%合格。

轮对自动测量设备总功率约12 kW，外形尺寸长×宽×高约6 200×3 200×2 300 mm，可完成轨距1 435 mm、轴长2 090～2 250 mm、车轴直径130～230 mm、车轮滚动圆直径810～920 mm、车轮厚135 mm、制动盘厚×直径为80×Φ640 mm、轴径Φ130 mm及Φ120 mm的轮对自动测量，该设备测量轮对踏面径向跳动的系统测量精度应小于等于0.06 mm；其余测量系统精度应小于等于0.1 mm，测量精度重复性应小于等于0.03 mm，示值变化量（持续工作 8 h）应小于等于 0.05 mm。

图 5.11　轮对传统人工测量及人工记录

图 5.12　轮对自动测量机

5.2.4　轮对动平衡检测工艺

轮对压装后一般采用图 5.13 所示的轮对动平衡设备进行检测动不平衡量是否满足技术要求，轮对动平衡应满足 TB/T2562－95《铁路客车用车轮静平衡、轮对动平衡试验方法》的相应规定及要求。轮对动平衡机根据工艺布局可以设置成通过式、往返式等形式，该设备主要由床身、轮对上下料升降装置、支承摆架、轮对驱动旋转装置、法兰连接装置、测量系统、电气控制系统等组成，轮对动平衡时先将轮对吊放到轮对上下料升降装置上，然后该装置自动缓慢下降保证轮对轴径和设备支承摆架的滚轮有效接触，试验完成后再通过该装置自动上升使轴径和支承摆架的滚轮不发生接触,再将轮对吊走。控制系统能够自动输出打印轮对平衡机检测结果报告,该报告能够显示极坐标图形、数字及分量、左右车轮去重平面内不平衡量的大小(g·m和N·m可任意转换)及相位(度)、合格标记、生产厂家、编号、平衡转速、年月日等。

轮对动平衡机设备用电总功率约24 kVA、气源6 bar及用气量10 m³/h,外形尺寸长×宽×高约6 700 mm×4 500 mm×1 750 mm,可完成轴长大于等于2 500 mm、最大车轮直径大于等于1 100 mm、动车及拖车轮对、轴径Φ130 mm及Φ120 mm的轮对动平衡检测,转速范围120~5 000 r/min,最小可达残余不平衡量0.5 g·mm/kg,最大不平衡减小率应大于等于95%,相位分辨率1°,支承轮对中心距1 600~2 400 mm。

图5.13 轮对动平衡机

5.3 轮对装配工艺技术

轮对装配主要包括齿轮箱组装和轴箱组装等,执行标准主要有TB/T1716—2016《铁道客车轮对轴箱装置组装技术条件》、TG/CL206—2013《铁路客车轮轴组装检修及管理规则》等。齿轮箱组装通常是在动车车轴加工完成交检交验合格后和齿轮箱进行组装,一般主要包括动车车轴与从动齿轮冷压装或热装、上箱体与主动齿轮组装、下箱体组装、合箱组装、轴承间隙测量、齿轮箱跑合试验、传感器及联轴节组装等内容。动车车轴和齿轮箱组装完成交检交验合格后再进行轮对压装,轮对压装完成交检交验合格后再进行轮对两端的轴箱组装，一般主要包括防尘挡圈热装、轴承冷压装或热装、轴端压板组装、轴箱盖组装等内容。由于轮对组装对装配现场环境有温度、湿度、降尘量等要求，因此轮对组装一般要求在带中央集中空调的封闭房间内进行。轮对组装主要工艺装备有轮对轴端整体密封轴承冷压装、轮对跑合试验等设备，现分别简述如下。

5.3.1　整体密封轴承冷压装工艺

目前铁路客车轮对轴端大部分采用整体密封轴承，该轴承需要通过冷压装工艺安装到轮对轴端轴径上然后再组装轴箱体，由于轴箱体根据产品要求有多种设计结构，其中带迷宫槽和后盖的轴箱体，则需要先将轴承放到轴箱体内然后一起压装到轮对轴端轴径上，因此轴承压装分为轴承单独压装和轴承与轴箱体一起压装两种情况。目前轴承压装主要有人工操控移动式液压装置进行轴承压装和轴承自动压装两种工艺手段。

5.3.1.1　移动式液压装置压装轴承工艺

轴承压装时需要人工推动移动式液压装置（图 5.14 所示）到待压装轮对轴端的前面，先人工在轮对轴端安装轴承压装工装，然后人工将轴承或轴箱体带轴承穿过轴承内孔套放到轮对轴端安装好的轴承压装工装上，再人工推动移动式液压装置和轴承压装工装进行对正连接，然后才能进行轴承压装作业，轴承压装开始和停止需要人工操控。该装置配置轴承退卸夹具能够实现轴承或轴箱体带轴承退卸功能。

图 5.14　移动式液压装置

该设备用电总功率约 1.5 kW，外形尺寸长×宽×高约 1 570×850×965 mm，工作压力 0～700 bar，液压缸最大行程 310 mm，最大工作压力 700 kN，升降高度约 305～935 mm。

5.3.1.2 轮对轴承自动压装工艺

轮对轴承自动压装设备（图 5.15 所示）主要由整体框架、左右液压油缸、轮对上下料升降装置、轮对自动定位夹紧装置、轴承自动定位装置、测量及电气控制系统等组成，轮对通过地面轨道人工推动到轮对上下料升降装置上，通过轮对自动定位夹紧装置实现轮对自动定位夹紧，待压装轴承人工放置到轴承自动定位装置上后，就可以启动设备进行轮对两端轴承的自动压装作业，轴承压装过程中能够自动实时检测和记录轴承压装时压装力、贴合力、贴压差和保压时间等，轴承压装完成后设备自动停止，自动输出打印轴承位移—压力—保压时间的压装曲线报告，并能够自动判断压装结果是否合格。

该设备用电总功率约 15 kW，外形尺寸长×宽×高约 4 000×1 000×1 300 mm，轨距为 1 435 mm、轴长 2 150～2 250mm、轴承外径 Φ215～Φ240 mm、轴承内径 Φ120 mm 及 Φ130 mm、轴承长度 124～160 mm、车轮滚动圆直径 770～920 mm，单液压缸最大压装力 600 kN，单液压缸最大行程 550 mm，轴承压装速度 0～4 mm/s，压力传感器检测精度 0.25％FS，位移传感器分辨率 0.01 mm。

图 5.15 轴承自动压装设备

5.3.2 轮对跑合试验工艺

　　轮对组装完成后一般需要进行跑合试验检测轴箱轴承的温度和齿轮箱主动齿轮轴承、从动齿轮轴承、箱体内润滑油的温度，当跑合试验时出现异响、温度超标等情况时需要立即停止跑合并进行检查。跑合试验根据是否加载分为加载跑合和空载跑合，通常情况下一般进行空载跑合，跑合试验根据轮对产品结构分为动车轮对跑合、拖车轮对跑合、动车车轴齿轮箱跑合三种形式，动车轮对空载跑合、动车车轴齿轮箱空载跑合一般采用齿轮箱侧的联轴节驱动车轴旋转，拖车轮对空载跑合一般采用软质耐磨材质摩擦车轮踏面驱动车轴旋转。

　　轮对跑合试验台（图 5.16 所示）根据要求一般由动车轮对跑合系统、拖车轮对跑合系统、动车车轴齿轮箱跑合系统（根据需要）、温度测量系统、齿轮箱注油过滤循环装置、电气控制系统等组成，待跑合工件能够实现分别定位装夹和跑合试验。控制系统能够实现跑合速度和跑合时间能够任意设定，能够进行正反旋转跑合试验，能够自动采集工件各部位及环境的温度，能够实现轮对信息的录入、齿轮箱内腔清洗循环、跑合速度及温度和跑合时间曲线的绘制、跑合试验报告存储及打印输出等功能。

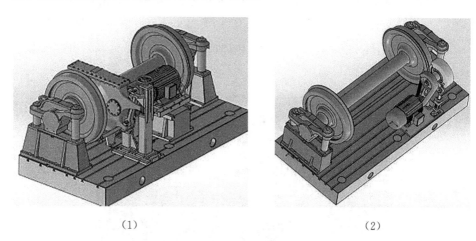

(1)　　　　　　　　　　　　　(2)

图 5.16　轮对跑合试验台示意图

　　该设备用电总功率约 60 kW，外形尺寸长×宽×高约 6 000 mm×5 000 mm×1 200 mm，跑合速度应大于等于实际车辆运行速度，温度测量系统精度±1℃，驱动轮对旋转精度小于等于 2 r/min，循环过滤系统的过滤精度应小于等于 0.005 mm。

5.4　转向架落成装配工艺技术

转向架落成装配主要是将一个构架组成落成装配到两条独立的轮对组成上并形成一个完整的转向架,并经过转向架静压试验、最终交检交验等工序保证转向架能够达到和车体组成落成装配质量要求的工艺技术。传统落成工艺(图 5.17 所示)是采用人工操控天车起吊构架组成和摆放在地面轨道上的两条轮对组成进行人工落成装配,该工艺一般无法保证构架组成和轮对组成一次性对正落成装配,需要人工反复调整才能完成,并且容易对转向架零部件产生磕碰伤。

图 5.17　传统转向架落成工艺

针对传统落成工艺存在的问题开发了构架组成与轮对组成自动对正落成工艺装备(图 5.18、图 5.19 所示),该工艺装备主要由构架组成缓存工位、轮对组成定位支撑装置、自动对正落成吊运装置、转向架整备组装工位等组成,待落成的构架组成吊放到构架组成缓存工位,待落成的两条轮对组成吊放到轮对组成定位支撑装置上并定位支撑好,然后自动对正落成吊运装置将构架组成缓存工位上的构架组成自动吊运到轮对组成定位支撑装置的正上方并进行落成装配成转向架,根据需要该转向架可以通过自动对正落成吊运装置吊运到转向架整备组装工位进行转向架其他装配作业。该工艺装备实现先将转向架组成中的两条轮对组成按要求的轴距准确定位及摆正,解决了现有在地面轨道上摆放轮对组成不能准确定位及摆正的问题;实现将构架组成从缓存工位自动定位吊运到已经定位及摆正的两条轮对组成的正上方并进行落成装配,解决了传统人工操控天车无法保证与摆放在地面轨道上的两条轮对组成对正落成装配的问题，并解决了原先长时间占用天车影响其他工序等待天车造成生产线效率低等问题。

图 5.18   转向架自动对正落成工艺

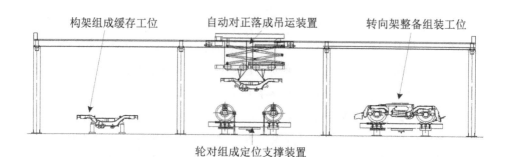

图 5.19   转向架自动对正落成工艺布局示意图

5.5　转向架静压试验工艺

　　转向架整体组装完成后一般需要模拟车体组成的重量对转向架加载并进行四角高（转向架四个角的轴箱体与构架之间的上下间距及差值）、二系悬挂高度（转向架两侧支撑车体的上表面到标准轨道上表面之间的高度及差值）、联轴节高低差、轴距及车轴平行度、轮对内侧距、轮重及轮重差、空气弹簧气密性试验等检测，确保每个转向架组装质量合格后再进行与车体组成落成装配至完整铁道车辆。转向架静压试验台（图 5.20 所示）主要由龙门框架、自动上下料升降装置、双液压压头及静压横梁、四套滚轮支承移动单元、轮重测量系统、轴距测量系统、内侧距测量系统、高度测量系统、气密性试验系统、测量辅助导轨、电气控制系统等组成，转向架静压试验时通过地面轨道人工将转向架推动到自动上下料升降装置上，然后该装置将转向架轻轻放到滚轮支承移动单元上并保证每个车轮与每套滚轮支承移动单元可靠接触，启动设备先进行转向架中心自动调整确保和设备中心对正，并保证静压横梁上适配器和转向架上加载点对正，然后才能启动静压试验程序进行自动静压检测作业，并自动输出打印转向架静压试验检测报告。

图 5.20　转向架静压试验台

该设备用电总功率约 20 kW，外形尺寸长×宽×高约 8 900 mm×6 630 mm×3 360 mm，能够实现轨距 1 435 mm 或可变轨距、轴距 1 500～3 200 mm、车轮直径 600～940 mm 等两轴转向架静压试验，双液压头 2×250 kN，两个液压头横向中心间距 1 000～2 800 mm，液压头最大行程大于等于 700 mm，龙门内侧间距约 4 500 mm，每个液压头压力精度为±100N，每套轮重测量系统的称重精度为±100N，位移传感器分辨率为 0.01 mm，气密性试验系统的精度为 20 mBar，轮对内侧距测量线性偏差为 0.015 mm。

5.6 转向架交检交验工艺

转向架静压试验组装合格后，在发到车辆总装配工序之前，需要进行转向架的交检交验，既对转向架的表面油漆进行检查并补油漆、所有紧固件防松标记及紧固状态检查、转向架组装零部件状态及配置信息检查等，由检查员和验收员确认没有问题后，才能发到车辆总装配场地进行车体组成和转向架组成的落成装配。为了便于对转向架上下及四周的查看，一般在转向架交检交验场地设置成地沟或转向架升降装置（图 5.21 所示），地沟交检需要人员进到地沟内部查看转向架下部组装状态，转向架升降交检只需要将转向架升到合适的高度就可以进行转向架上下及四周的组装状态查看。转向架升降装置主要由升降导向机构、支承梁、自动润滑系统、防护装置、电气控制系统等组成，该装置需要在线布置安装在地面轨道上，待交检转向架人工通过地面轨道推动到该装置的支承梁上，然后启动设备升到合适的高度便于检查转向架，完成交检工作后将设备高度下降保证支承梁上表面与地面轨道上表面高度一致，再将转向架推到地面的轨道上。

该设备用电总功率约 11 kW，外形尺寸长×宽约 3 900 mm×1 430 mm，能够实现轨距 1 435 mm、轴距 2 200－2 700 mm 等两轴转向架升降交检交验作业，最大提升力大于等于 10 t，最大升降高度大于等于 1 850 mm，最大升降速度大于等于 850 mm/min。

图 5.21　转向架升降装置

第6章 铝合金车体加工工艺技术

铝合金车体加工主要包括单件加工（铝板件、型材件）、中型焊接部件加工（枕梁、端墙等）、大型焊接部件加工（侧墙、车顶、底架等）、车体总组成加工等，通过对铝合金车体零部件的表面、边缘、眼孔、豁口等进行切削加工保证焊接及装配要求的一种工艺技术。铝合金加工存在工件材质硬度低（HB150左右）加工时铝屑易粘在刀具切削刃上形成积屑瘤（图6.1所示）、工件截面不规则及工件尺寸规格较大（铝合金大部件一般长达20 m左右）且工件装夹易变形、加工量大及加工时间较长等特点，因此铝合金加工不同于碳钢加工，对铝合金加工设备、工装夹具、刀具等有特殊的要求，比如铝合金加工设备对主轴转速（一般大于等于12 000 r/min）和线性轴进给速度（一般大于等于10 m/min）要求尽可能的高、采用微量油雾冷却润滑加工刀具（图6.3所示）、采用万能铣头（图6.2所示，由摆轴 A 和回转轴 C 构成）实现铝合金焊接部件任意角度加工等。

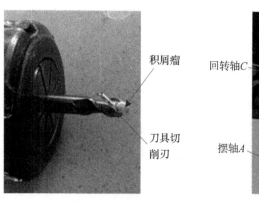

图6.1 刀具积屑瘤图

图6.2 万能铣头

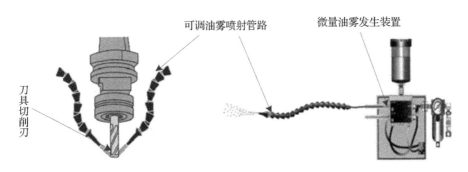

图 6.3　刀具微量油雾冷却润滑系统示意图

铝合金大部件加工工装夹具尽可能采用自动化定位夹紧工件以便提高设备加工效率；铝合金高转速加工典型立铣刀具（图 6.4 所示）一般采用 HSK 刀柄（执行标准 DIN69873，一种采用锥面和端面两面同时定位的新型刀柄），高转速加工刀具在使用之前应做好动平衡（执行标准 DIN ISO 1940/1 的 G40 平衡质量等级以上），铝合金加工刀具的切削刃应锋利及排屑顺畅等，切削刃主要有机夹刀片、镶焊硬质合金、高速钢等形式，图 6.4 所示的立铣刀一般为两条侧切削刃结构，其底刃过刀具中心能够实现直接垂直于铝合金件表面进给加工功能，针对图 6.4 所示的整体立铣刀一般采用机夹刀片的形式以便提高该刀具的使用寿命，该整体立铣刀主要由 HSK 刀柄、底刃刀片及底刃螺钉、侧刃刀片及侧刃螺钉、刀体等组成，切削刃部直径 d 一般为 32 mm，切削刃部长度 h_1 一般应大于等于待加工铝合金部件的切削深度（机夹刀片整体立铣刀的切削刃部长度约为 95 mm）。

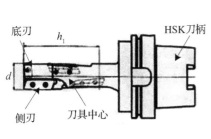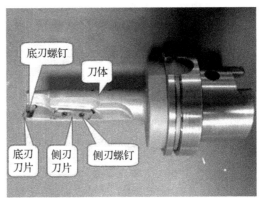

图 6.4　铝合金高速加工典型立铣刀示意图

铝合金车体零部件加工主要工艺流程见图 6.5 所示，现就目前应用的铝合金车体主要零部件加工工艺简要说明如下。

图 6.5　铝合金车体零部件加工主要工艺流程

6.1　铝板件加工工艺技术

铝板件一般需要经过板材下料、机加、折弯等工序完成，然后进行铝合金部件的组对焊接。一般厚度 4 mm 以下铝板件采用激光切割下料，4 mm 以上铝板件采用水刀（一种采用高压水射流切割技术）切割下料，水刀切割速度通常每分钟为 200 mm 左右，水刀下料精度一般在 0.1～0.25 mm，表面粗糙度小于等于 Ra12.5，水刀切割存在一定不可避免的斜度，并且水刀切割斜度随着板材厚度的增加而变大，因此对于水刀无法完成和保证的焊接坡口、精密眼孔等需要通过机加工序完成。由于水刀切割下料速度慢在满足大量铝板下料生产时较困难，为了提高铝板件下料、加工能力及效率，针对一些矩形方块料可采用剪切下料再加工的工艺，并可以采用高速机加设备进行铝板件下料及加工，即铝板件下料的同时可以一并完成铝板件的钻孔和倒角等加工内容。现对铝板件采用高速机加下料的加工工艺简介如下。

首先应设计好各件铝板件在待下料铝板上的排料图（图 6.6 所示），将图 6.6 中的铝板件序号 1、序号 2、序号 3 和序号 4 按最大提高铝板利用率的原则布置在待下料铝板（图 6.6 序号 5）上。

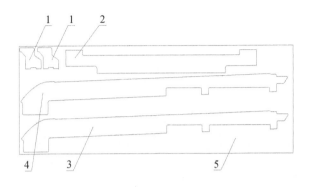

图 6.6　铝板件下料排料图示意图

　　然后将待下料的铝板放置在高速机加设备（图 6.7 所示）的真空吸附工作台的预先铺设好的密度板上，确认铝板和工作台之间真空吸附牢固后，设备采用直径 Φ10 mm 立铣刀（图 6.8 所示）按图 6.6 所示的排料图进行各个铝板件的下料加工，设备主轴转速 20 000 r/min，切深 3 mm，每分钟进给量可以达到 6 000 mm。铝板件高速机加下料和水刀下料相比较具有下料速度高、加工精度高、耗料低等优势，缺点是高速机加设备投入价格较高、刀具直径较粗影响铝板下料利用率且不能有效完成铝板件直角的下料加工。在铝合金车体平时生产中，充分利用现有铝合金高速机加设备进行一些适合的铝板件下料工作，这样可以在提高现有铝加工设备利用率的同时，又可以缓解及补充水刀下料能力的不足。

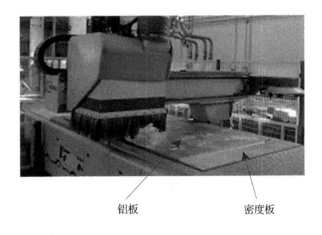

铝板　　　　　　　密度板

图 6.7　铝板件下料高速机加设备示例

图 6.8 铝板件下料加工刀具示例

6.2 铝型材件加工工艺技术

铝型材件一般需要经过铝型材（铝型材一般为形状不规则、中空、多筋结构，其截面如图 6.9 所示）下料、机加等工序完成，铝型材来料时一般为长大的，需要根据铝型材件图纸要求的长度尺寸先进行锯切下料（锯切下料设备如图 6.10 所示），原则上能进行定尺下料的工件就直接进行定尺下料完成，提高下料的效率和多功能下料（如转角锯切等）可减少工件所有加工工作量都要靠加工设备完成的时间，提高了生产效率，也降低了刀具费等生产成本。铝型材件下料后到机加设备上加工完成（铝型材件加工如图 6.11 所示），然后进行铝合金部件的组对焊接。

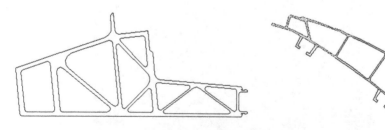

图 6.9 铝型材截面示意图

图 6.10　铝型材锯切下料

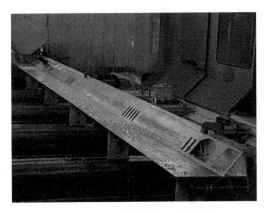

图 6.11　铝型材件加工后示例

6.3　铝合金焊接结构部件加工工艺技术

上述铝板件和铝型材件加工后组焊成侧墙组成、底架组成、车顶组成、牵枕缓组成等各种铝合金部件，这些部件均需要加工后才能组对焊接成铝合金车体。铝合金部件加工是将铝合金组焊好的各种结构部件通过对其眼孔（如图6.12 所示侧墙组成的窗口、门口、豁口加工等）、端面（如图 6.12 所示侧墙组成的两侧端面加工）、断筋（如将图 6.13 所示侧墙组成截面的 T 形槽切断加工）等进行机械加工方法保证设计产品图纸尺寸精度及装配要求的一种工艺技术。

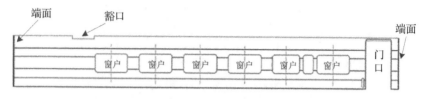

图 6.12　侧墙组成示意图

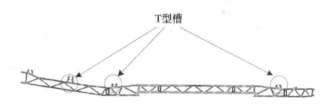

图 6.13　侧墙组成截面示意图

由于铝合金部件具有工件长及形状不规则、加工时间长等特征，为了提高铝合金部件加工效率，目前正在应用的是采用五轴联动高速加工中心对各种铝合金部件一次性装夹进行工件的四周及顶面的五面加工作业，针对一些不重要的加工（如断筋加工）可以采用人工使用风动工具（如图 6.14 所示）先进行切割再打磨处理完成。由于侧墙组成是各种铝合金部件中比较有代表性的部件，侧墙组成的上边、下边和两端分别与车顶、底架和端墙组焊在一起才能形成一个完整的车体，而侧墙的窗口和门口加工质量直接影响到车体的后续装配和外观质量，因此侧墙的加工需要提前考虑好焊接变形的影响，侧墙组成加工主要流程见图 6.15 所示，现对典型铝合金部件的侧墙组成的加工工艺简要说明如下。

图 6.14　铝合金件 T 形槽利用风动工具人工切断及打磨豁口

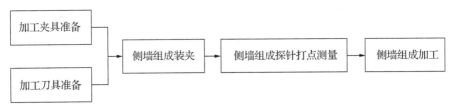

图 6.15　侧墙组成加工主要流程图

铝合金长大部件一般利用图 6.16 所示的五轴联动高速加工中心典型设备完成。

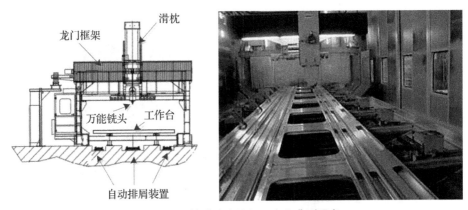

图 6.16　五轴联动高速加工中心典型设备

该设备基本结构形式为工作台固定、龙门框架移动式结构，主要由龙门框架、滑枕、万能铣头、工作台、自动排屑装置、刀具油雾冷却润滑系统、自动更换刀库、自动更换锯片铣刀工位（配置直径大于等于 $\Phi500$ mm 的锯片铣刀，万能铣头自动更换该刀具后实现铝合金工件锯切加工功能，为了保证安全，在使用该刀具时，设备主轴转速自动被限制在 2 600 r/min 以内）、自动更换小型直角铣头工位（配置能够装夹最大直径为 $\Phi25$ 刀具的小型直角铣头，该小型直角铣头最大功率大于等于 18 kW、最大扭矩大于等于 94 N·m、连续输出转速大于等于 4 800 r/min，万能铣头自动更换该小型直角铣头后实现铝合金工件狭窄空间内的加工功能）、工件自动测量系统、摄像监控系统（CCD Video 彩色监视器对加工状况进行监控）等构成，根据设备配置及加工功能要求的不同，主要有双工位工作台、单工位工作台两种形式，双工位工作台能够实现在一个工位正在加工作业的同时另一个工位可以进行工件的上料装夹或下料拆卸作业，从而提高设备的利用率。

由于铝合金大部件加工设备的工作台比较长大（如双工位的工作台长达约60 m），因此一般采用简易工作台结构（图6.17所示），主要由两条纵向梁和若干条移动式横向梁组成，横向梁布置在纵向梁上并能够沿着纵向梁轻松推动并能在任意位置锁紧固定，横向梁上面设置多条T形槽（其中间的为基准T形槽便于精准定位）用于铝合金部件加工夹具安装和锁紧固定。由于铝合金部件种类较多且加工夹具都不完全一样，因此在铝合金部件加工之前，需要将设备工作台的横梁调整到合适位置并把横梁上的加工夹具安装布置好，然后再将铝合金部件吊放到加工夹具上进行定位和装夹作业。

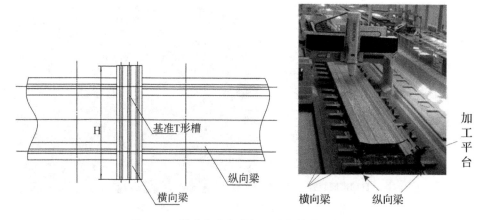

图6.17 铝合金大部件加工设备简易工作台

侧墙加工的定位和装夹如图6.18所示，侧墙在进行装夹时需要通过调整各个横向定位来控制保证要求挠度（焊接反变形量），侧墙窗口加工应与侧墙装夹时的挠度一致，既保证窗口中间点与窗带高度一致（图6.19所示），并保证侧墙窗口加工深度应保证一致。

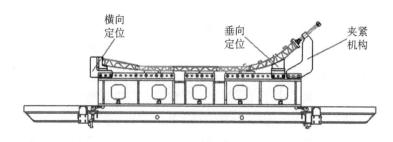

图6.18 侧墙加工定位装夹示意图

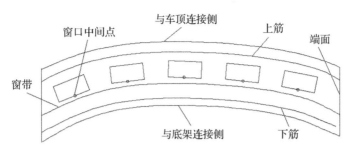

图 6.19　侧墙定位装夹挠度及窗口加工要求示意图

为了保证这些加工要求，侧墙在动刀加工之前，需要利用设备的工件自动测量系统检测每个窗口的四角垂向偏差和窗带 3 个点的横向及垂向偏差（图 6.20 所示），设备控制系统自动计算图 6.21 所示窗口的偏转角度 α 及 B 点中心偏移量，这些测量偏差能够自动写入设备控制系统全局变量中，在侧墙窗口加工时会根据这些测量偏差自动修正加工程序坐标系和坐标轴位置，从而保证侧墙窗口加工质量。

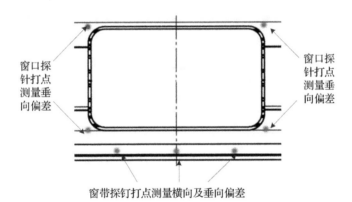

图 6.20　侧墙窗口加工前各个测量点位置示意图

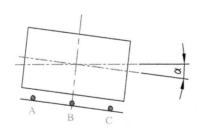

图 6.21　侧墙窗口偏转角度及中心偏移量计算示意

侧墙组成完成上述定位装夹和各点测量后，一般采用如图 6.4 所示的立铣刀对侧墙窗口进行套裁加工（图 6.22 所示），由于铝合金焊缝加工时容易出现图 6.1 所示的刀具积屑瘤及损伤刀具等问题，为了解决该问题并为了提高加工效率，可以在侧墙窗间板的焊缝连接处留约 5 mm 连接量不加工，待侧墙整体加工完成后吊到打磨场地上，人工利用如图 6.14 所示的风动工具将窗口余料切割下来，并对切割处打磨平整光滑。

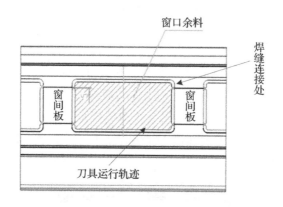

图 6.22　侧墙窗口套裁加工示意图

由于铝合金大部件高速加工时噪音较大会影响其他工序正常生产的环境，一般需要将高速铝合金大部件加工设备配置一个隔音房（图 6.23 所示）或单独布置在一个封闭场地内。

图 6.23　高速铝合金大部件加工设备隔音房

该设备用电总功率约 100 kW，外形尺寸长×宽×高约 7 600 mm×9 000 mm× 6 700 mm（双工位），X 轴行程大于等于 61 600 mm，Y 轴行程大于等于 4 500 mm，Z 轴行程大于等于 1 500 mm，万能铣头的摆轴 A 大于等于±105°、回转轴 C 大于等于 365°，X 轴（纵向）快速移动速度/进给速度大于等于 40/20 m/min，Y 轴（横向）快速移动速度/进给速度大于等于 20/10 m/min，Z 轴（垂向）快速移动速度/进给速度大于等于 10/10 m/min，A 轴和 C 轴快速移动速度/进给速度大于等于 15/10 r/min，X 轴定位精度/重复定位精度小于等于 0.18/0.05 mm（单工位），Y 轴定位精度/重复定位精度小于等于 0.045/0.035 mm（全行程），Z 轴定位精度/重复定位精度小于等于 0.035/0.025 mm（全行程），A 轴和 C 轴定位精度/重复定位精度小于等于 0.005°/0.003°，万能铣头电主轴额定功率 S_1 大于等于 42 kW、额定扭矩 S_1 大于等于 80 N·m，主轴最大转速大于等于 16 000 r/min，主轴孔刀柄规格为 HSKA100。

6.4　铝合金车体组成加工工艺技术

铝合金车体组成焊接后，有的产品根据需要对图 6.24 所示的车体底部与转向架连接座面及孔、图 6.25 所示的车顶导流罩安装座面及孔进行加工，由于铝合金车体组成规格尺寸较大其长×宽×高约为 24 000 mm×3 300 mm×2 900 mm，传统的加工设备是不能完成上述加工要求，需要开发特殊加工设备才能实现，现对铝合金车体组成的车体底部、车顶顶部的加工工艺简要说明如下。

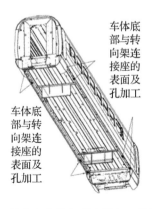

图 6.24　铝合金车体组成底部加工位置示意图

图 6.25　铝合金车体组成车顶顶部导流罩安装座加工位置示意图

6.4.1　铝合金车体组成底部加工工艺

　　铝合金车体加工一般采用如图 6.26 所示的主轴端面刀柄锥孔垂直朝上的高速加工设备完成。

工艺转向架　　　　龙门移动式主轴朝上加　　　　架车称重装置
　　　　　　　　　工设备

图 6.26　铝合金车体组成底部加工设备

　　设备基本结构形式为工作台固定、龙门框架移动式结构，主要由龙门框架、滑枕（主轴端面刀柄锥孔垂直朝上）、工作台、刀具油雾冷却润滑系统、工件自动测量系统、架车称重装置、摄像监控系统（CCD Video 彩色监视器对加工状况进行监控）等构成。该设备配备 4 套架车称重装置用于铝车体加工时的支撑及调整，每台架车称重装置均能够实现 U 轴（纵向）方向的人工移动和 V 轴（横向）、W 轴（垂向）方向的自动控制移动，每套架车装置与车体接触处布置称重单元，可称出铝车体分布在该处的重量值。待加工铝车体先落在 2 台工艺转向架上并人工推到设备的 4 台架车称重装置处，调整每台架车称重装置的 U 轴方向的位置对正车体底部的架车位置，然后操作者用便携式控制单元控制每台架车称重装置的 V 轴和 W 轴位置，保证每台架车称重装置的架车点对正并轻轻靠在车体底部的架车位置上，架车称重装置称重单元可实现压力值的反馈给架车称重装置的控制系统实现架车点轻靠在车体上。通过设备的控制系统分别给每台架车称重装置的 W 轴给定相应的高度值（该数值需要在

图 6.27 所示的车体四点称重测量工序时确定完成，该数值是在通过调整车体四点称重装置的 4 个升降测量头高低位置的同时使用莱卡仪测量铝车体外形尺寸并反馈给车体四点称重装置的控制系统，控制系统自动找到铝车体最佳平衡位置后，然后将确定完成的铝车体支撑四点的垂向位移量打印输出），控制系统联动控制 4 台架车称重装置将铝车体升起到相应的高度。然后将工艺转向架推出设备的工作区。启动设备用探针打点采集 V 轴方向的数据，然后联动控制每台架车称重装置的 V 轴摆正铝车体，保证铝车体坐标系与设备坐标系一致或平行，检查并确认架车称重装置与铝车体接触处的称重值和铝车体与转向架连接面的高度值是否达到要求，没有问题后才能进行铝车体与转向架连接面处的加工工作。

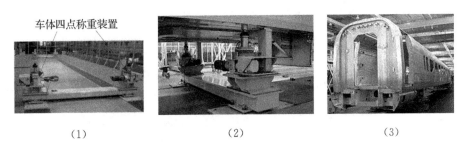

（1）　　　　　　　　　　（2）　　　　　　　　　　（3）

图 6.27　铝合金车体组成四点称重测量

该设备用电总功率约 70 kW，外形尺寸长×宽×高约 34 000 mm×7 200 mm×6 000 mm，电主轴额定功率 S_1 大于等于 28 kW，额定扭矩 S_1 大于等于 53 N·m，主轴最大转速大于等于 16 000 r/min，主轴孔刀柄规格为 HSKA63。X 轴（纵向）/Y 轴（横向）/Z 轴（垂向）行程大于等于 29 000 mm/3 500 mm/550 mm，X 轴快速移动速度/进给速度大于等于 40/20 m/min，Y 轴快速移动速度/进给速度大于等于 12/10 m/min，Z 轴快速移动速度/进给速度大于等于 10/10 m/min，X 轴定位精度/重复定位精度小于等于 0.15/0.09 mm（全行程），Y 轴定位精度/重复定位精度小于等于 0.05/0.035 mm（全行程），Z 轴定位精度/重复定位精度小于等于 0.03/0.025 mm（全行程）。架车称重装置分别布置在车体两侧各 2 套，车体纵向 2 套架车称重装置的间距范围约为 11 000~21 000 mm，每套架车称重装置最大承载大于等于 9 t，传感器称重精度小于等于±100N，U 轴（纵向）/V 轴（横向）/W 轴（垂向）行程大于等于 5 000/710/1 850 mm，U 轴/V 轴/W 轴定位精度小于等于±1.5/0.05/0.07 mm。

6.4.2 铝合金车体组成车顶顶部加工工艺

该加工可采用如图 6.28 所示的车顶顶部加工装置完成，该装置基本结构形式为基本框架（配置高度可调节的弧形支撑板用于该加工装置的水平调整）、X 轴（纵向）/Y 轴（横向）/Z 轴（垂向）线性轴集成单元，主轴动力头、数控系统（带电子手轮）等构成。该装置为了便于运输和存放，需要配置移动支撑车和专用吊具，即该装置平时不使用时需要放置在移动支撑车上，当铝合金车体组成车顶顶部需要加工时，人工推动放置在车顶顶部加工装置的移动支撑车到待加工铝合金车体组成的附近，然后使用厂房天车和专用吊具将车顶顶部加工装置从该支撑车上吊起并放在车顶顶部待加工的部位上，定位装夹（可以利用铝车体的侧墙窗口将车顶顶部加工装置夹紧在车顶上）没有问题后可以进行铝合金车体组成车顶顶部导流罩安装座面及眼孔的自动加工作业。

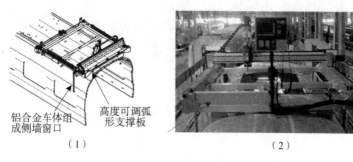

铝合金车体组成侧墙窗口　高度可调弧形支撑板

（1）　　　　　　　　　　　（2）

图 6.28　车顶顶部加工装置

该设备用电总功率约 26 kVA，外形尺寸长×宽×高约 3 400 mm×2 600 mm×1 600 mm，设备总重约 900 kg，主轴功率大于等于 5 kW（须保证最大切削深度大于等于 2 mm 及最大切削宽度大于等于 30 mm 的要求），可变频主轴最大转速大于等于 6 000 r/min（须保证在 5 000 r/min 左右能够长时间工作），主轴孔刀柄规格为 ISO40（须保证能够装夹刀具直径大于等于 40 mm 端铣刀及满足大于等于直径 Φ15 mm 孔的钻削要求）。X 轴/Y 轴/Z 轴行程大于等于 2 100/2 000/400 mm，X 轴/Y 轴/Z 轴进给速度均大于等于 3 000 mm/min，X 轴/Y 轴/Z 轴扭矩均大于等于 18 N·m，X 轴/Y 轴/Z 轴的定位精度/重复定位精度小于等于±0.20/±0.15 mm。

第7章　关键零部件非接触检测技术

本书介绍铁道客车关键零部件的非接触检测技术，主要包括车轴、轮对、转向架和车轴划痕的检测。主要从检测的主要技术要求、机构组成、测量原理等方面进行阐述。

7.1　车轴测量机

目前，国内铁道客车的车轴尺寸测量仍然依靠人工手持的专门定制的检测工具完成，检测人员受现场温度等环境的影响，导致测量结果误差大，测量精度低。并且人工检测也存在检测工作人员劳动强度大、工作效率低的缺点，而且接触式的测量易对被测轴类表面造成损失。故非接触测量研究迫在眉睫。本书采用多点激光位移传感器定点检测车轴各直径和轴向长度。

7.1.1　车轴检测主要技术要求

车轴测量机能完成图 7.1 所示的动车车轴、图 7.2 所示的拖车车轴、图 7.3 所示的 CRH5 动车车轴等各种车型（包括 CRH5、各种地铁等）的车轴径向直径和轴向长度尺寸及公差的自动测量工作。

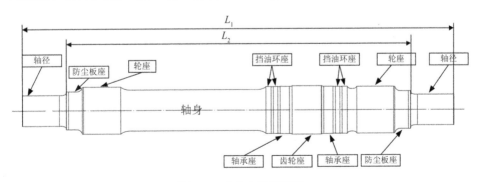

图 7.1　动车车轴示意图

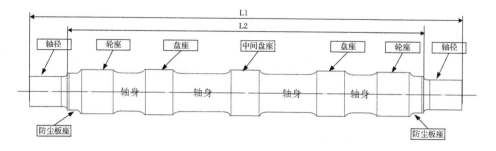

图 7.2 拖车车轴示意图

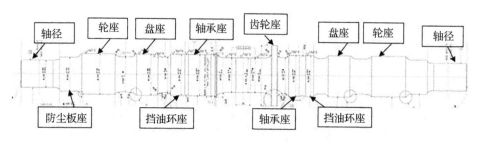

图 7.3 CRH5 动车车轴示意图

车轴测量机还能完成带制动盘、齿轮箱的动车车轴及拖车车轴相关的径向直径和轴向长度尺寸及公差的自动测量工作。

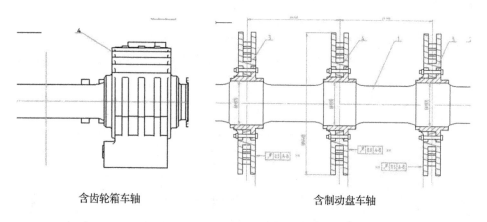

含齿轮箱车轴   含制动盘车轴

图 7.4 特殊类车轴示意图

能够完成 CRH5 空心轴内孔为 Φ65 mm 及顶尖孔为 60°、地铁实心轴端顶尖孔为 60°。L_1 为车轴两个端面之间的长度，L_2 为车轴两个轴肩之间的长度的测量。

7.1.2　车轴径向主要直径测量要求

7.1.2.1　轴径检测要求

　　对每侧轴径进行垂直 3～4 个截面（每个截面距轴肩定位尺寸可以任意设定）、每个截面均布测量 2～4 点进行自动检测，并自动记录每个截面上每个点的测量直径值，自动记录并计算每个截面平均直径，自动记录并计算轴径圆柱度，CRH3 车轴的轴颈圆柱度不大于 0.015 mm，CRH3 车轴新造轴颈直径为 Φ130（＋0.043，＋0.068）mm。

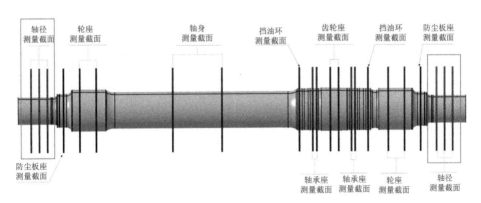

图 7.5　轴径检测位置

7.1.2.2　防尘板座检测要求

　　对每侧防尘板座进行垂直一个截面（该截面至轴肩尺寸可以任意设定）、每个截面均布测量 2 点，即采用十字交叉方法进行自动检测，并自动记录每个截面上每个点的测量直径值，自动记录并计算每个截面平均直径，CRH3 防尘板平均值须满足 Φ160 mm。

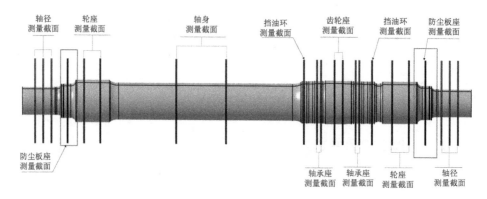

图 7.6　防尘板座检测位置

7.1.2.3　轮座检测要求

对每侧轮座进行垂直 2～3 个截面（每个截面距轮座边缘尺寸可以任意设定）、每个截面均布测量 2～3 个点进行自动检测，并自动记录每个截面上每个点的测量直径值，自动记录并计算每个截面平均直径，CRH3 轮座平均值须满足 Φ188～Φ200 mm，自动记录并计算轮座圆柱度，CRH3 轮座的圆柱度不大于 0.015 mm。

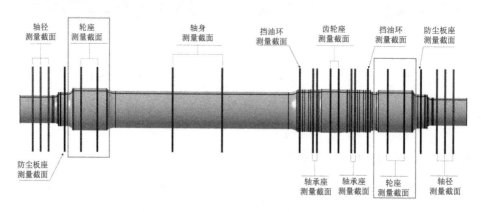

图 7.7　轮座检测位置

7.1.2.4　挡油环座检测要求

对每侧挡油环座的 2 个座面分别进行垂直一个截面（截面距挡油环座边缘尺寸可以任意设定）、截面均布测量 2～3 点进行自动检测，并自动记录截面上每个点的测量直径值，自动记录并计算截面平均直径，CRH3 挡油环直径为 $\Phi199$ mm。

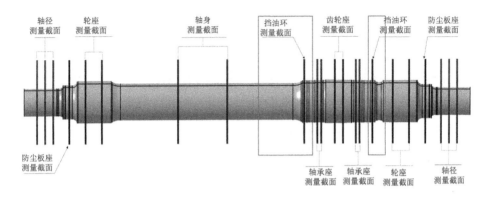

图 7.8　挡油环座检测位置

7.1.2.5　轴承座检测要求

对每侧轴承座进行垂直 2 个截面（选取的截面位置距端部为 5～10mm，每个截面距轴承座边缘尺寸可以任意设定）、每个截面均布测量 3 点进行自动检测，并自动记录每个截面上每个点的测量直径值，自动记录并计算每个截面平均直径，CRH3 轴承座每个截面的测量平均值须满足 $\Phi200$ mm，自动记录并计算轴承座圆柱度，CRH3 轴承座的圆柱度不大于 0.015 mm。

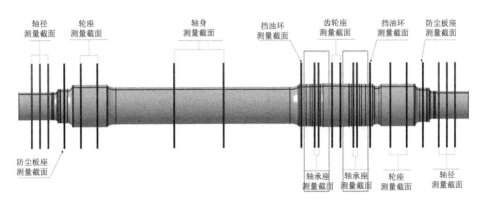

图 7.9　轴承座检测位置

7.1.2.6 齿轮座检测要求

对齿轮座进行垂直2个截面（每个截面距齿轮座边缘尺寸可以任意设定）、每个截面均布测量2～4点进行自动检测，并自动记录每个截面上每个点的测量直径值，自动记录并计算每个截面平均直径，CRH3标动齿轮座的每个截面的测量平均值须满足 $\Phi 207$ mm，自动记录并计算该座圆柱度，CRH3标动齿轮座的圆柱度不大于0.015 mm。

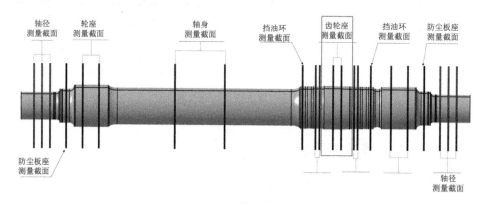

图 7.10 齿轮座检测位置

7.1.2.7 CRH5动车车轴齿轮座直径测量要求

设备能够将CRH5动车车轴齿轮座直径 $\Phi 286$（0，－0.032）mm 自动测量，将测量结果自动输入到设备并打印输出报告中。传感器间距为336 mm，能够实现286 mm尺寸的测量工作。

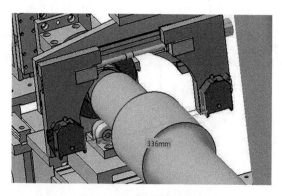

图 7.11 CRH5动车车轴齿轮座检测位置

图 7.12 所示的带锥度轮座检测，对轮座大端截面均布测量 2～4 点进行自动检测，并自动记录每个点的测量直径值，自动记录并计算平均直径；对轮座小端截面（该截面距轮座大端边缘尺寸可以任意设定）均布测量 2～4 点进行自动检测，并自动记录每个点的测量直径值，自动记录并计算平均直径；设备能够根据带锥度轮座的大端平均直径、小端平均直径和小端截面距大端截面距离，自动计算轮座的锥度。既要求轮座锥度、大端直径如下图所示的 $\Phi204.98$（+0.276，+0.33）mm、轮座大端距轴肩尺寸如下图所示 255（0，−0.5）能够自动测量及计算。

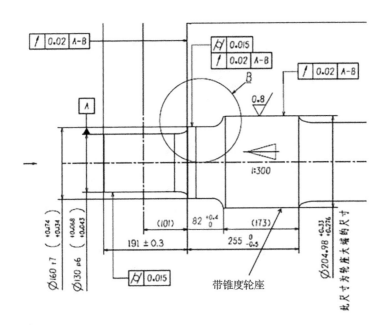

图 7.12　带锥度轮座检测示意图

图 7.13 所示的 CRH3 车轴带锥度齿轮座检测，距靠近齿轮箱侧轴肩 398 mm 处直径值为 $\Phi202.51$（0，−0.03）mm，距靠近齿轮箱侧轴肩 498 mm 处直径值为 $\Phi204.51$（0，−0.03）mm。

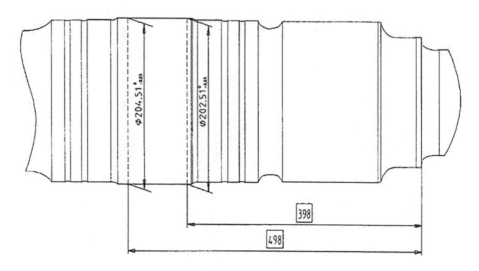

图 7.13　CRH3 带锥度齿轮座检测示意图

7.1.2.8　盘座检测要求

对盘座、中间盘座分别进行垂直二个截面（每个截面距盘座边缘尺寸可以任意设定）、每个截面均布测量 2～3 点进行自动检测（图 7.14 所示），并自动记录每个截面上每个点的测量直径值，自动记录并计算每个截面平均直径，CRH3 盘座的每个截面的测量平均值须满足 $\Phi191 \sim \Phi199$ mm，自动记录并计算该座圆柱度，CRH3 盘座的圆柱度不大于 0.015 mm。

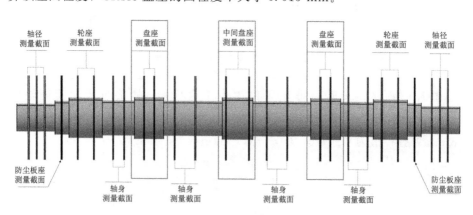

图 7.14　盘座检测位置

7.1.2.9　轴身检测要求

对车轴各个座之间的轴身进行垂直 2～3 个截面（每个截面距相邻座边缘尺寸可以任意设定）、每个截面测量 2～3 点进行自动检测，并自动记录每个截面上每个点的测量直径值，自动记录并计算每个截面平均直径，CRH3 轴身的每个截面的测量平均值须满足 Φ162～Φ182 mm。

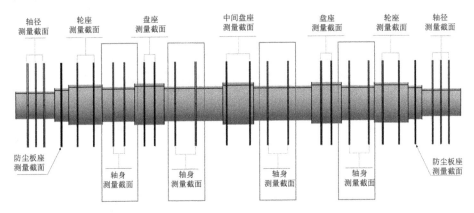

图 7.15　轴身检测位置

7.1.3　车轴轴向长度尺寸测量要求

7.1.3.1　轴肩距 L2 检测要求

进行圆周方向 3 点测量，即车轴每自动旋转 120°自动测量一次轴肩距，并自动记录每次测量的轴肩距，自动记录并计算三次测量的平均值。设备测量轴肩距的系统测量精度为±0.06 mm（轴肩距测量由两侧轴长/轴肩测量传感器扫描完成，每只传感器扫描精度为±0.02 mm，综合测量轴肩距的系统测量精度为±0.02×2＝±0.04 mm）。

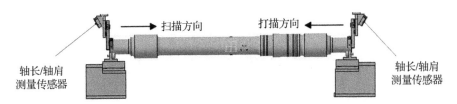

图 7.16　轴肩距 L2 检测示意图

7.1.3.2 轴长 L1 检测要求

进行圆周方向 3 点测量,即车轴每自动旋转 120°自动测量一次轴长,并自动记录每次测量的轴长,自动记录并计算三次测量的平均值。设备测量轴长的系统测量精度为±0.1 mm。(轴长测量由两侧轴长/轴肩测量传感器扫描完成,每只传感器扫描精度为±0.02 mm,综合测量轴长的系统测量精度为±0.02×2=±0.04 mm)

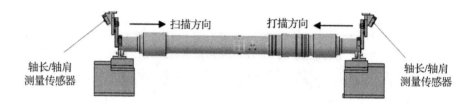

图 7.17 轴长 L_1 检测示意图

7.1.3.3 轴径长 L_3 检测要求

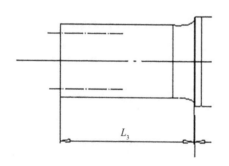

图 7.18 轴径长检测示意图

每侧的轴径进行圆周方向 3 点测量,即车轴每自动旋转 120°时,利用轴长/轴肩测量传感器沿轴长方向自动扫描车轴的外形轮廓,实现一次轴径长的自动测量,并自动记录每次测量的轴径长,自动记录并计算三次测量的平均值。设备测量轴径长的系统测量精度为±0.1 mm。(轴径长测量由两侧轴长/轴肩测量传感器扫描完成,每只传感器扫描精度为±0.02 mm,综合测量轴径长的系统测量精度为±0.02 * 2=±0.04 mm)

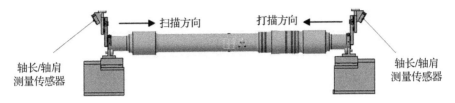

图 7.19　轴径长 L_3 检测示意图

7.1.4　车轴测量机工作流程

车轴测量机通过以下 11 步实现检测过程。

第一，将待检测车轴通过天车经由操作者粗定位后，落置在车轴自动上下料装置上。

第二，通过自动上下料装置上输送至缓存、清洗/对中工位。

第三，当车轮输送至缓存、清洗/对中工位后，开始旋转车轴，由操作者对车轴进行清洗。

第四，清洗完成后，通过车轴自动上下料装置上的轴托撑对中部件调整检测车轴左右位置实现车轴对中工作。

第五，在车轴对中完成后，经由轴托撑运动部件将检测车轴自动移送到轴径/轴长检测位置。

第六，到达轴径/轴长检测位置后，先由轴长检测装置完成对车轴轴肩距、轴长、轴径长等长度尺寸测量工作。

第七，轴长检测完成后，以两侧轴肩作为测量基准，由轴径测量装置实现对待检测车轴径向各个截面的直径、锥度、圆柱度等参数的测量工作。

第八，车轴测量结果将以用户规定的报表形式打印输出。

第九，车轴测量时，车轴自动上下料装置将下一件待捡车轴移送至缓存、清洗/对中工位，进行清洗及对中工作，提高生产效率。

第十，设备将检测完成后的车轴由车轴自动上下料装置移送至工件原位，经操作者使用天车将测量后的车轴取走。

第十一，下一条存放在缓存、清洗/对中工位上的待测车轴通过车轴自动上下料装置移送至车轴检测工位，开始进行下一条车轴的检测。

7.1.5　车轴测量机机械结构

车轴测量机机械结构的主体由 1—主机基座、2—龙门框架、3—高精度移动检测装置、4-车轴自动定位装夹装置、5-车轴自动上下料装置、6-车轴测量系统共六部分组成。如图 7.20 所示。

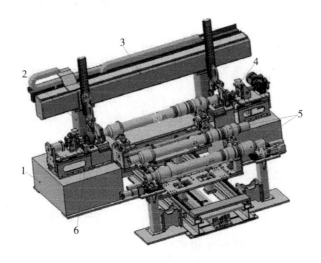

图 7.20　车轴测量机机械结构

7.1.5.1　主机基座

主机基座为钢板焊接框架结构。经过时效处理后，在龙门数控加工中心上完成基座的切削加工。基座总体尺寸：长度为 3 970 mm，宽度 1 580 mm（不含车轴自动上下料装置），基座高度为 545 mm。

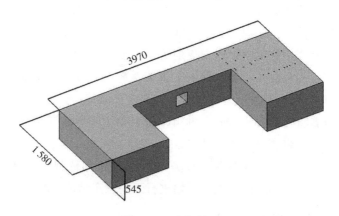

图 7.21　主机基座

7.1.5.2 龙门框架

龙门框架由两个龙门立柱和横梁组成,采用螺栓连接组成龙门框架。

(1) 龙门框架立柱

龙门框架立柱总体尺寸:上底板:长 350 mm,宽 350 mm,厚度 32 mm;下底板:长 350 mm,宽 350 mm,厚度 32 mm;总高度:750 mm;方钢管:截面 250 mm×250 mm,壁厚 12 mm,材料 Q235;两立柱外侧间距为 2 470 mm;门架立柱主要功能为连接主机基座与横梁。

图 7.22　龙门框架立柱

(2) 横梁

横梁采用标准高精度电动平移台,总长 3 420 mm,宽 256 mm,高 280 mm。

电动平移台产品特性如下。

①采用进口直线电机驱动,重复定位精度和绝对定位精度好,寿命长,稳定性好,运行平稳且噪音小。

②导轨承载大,适合重载使用。

③导轨固定方式大大地降低了电移台的俯仰和偏摆,使运动的直线度和平行度有较大提高。

④安装光栅尺做闭环控制,大大提高定位精度。

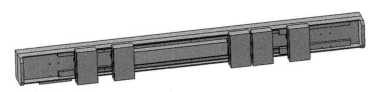

图 7.23　横梁产品示意图

7.1.5.3 高精度移动检测装置

高精度移动检测装置由横梁及两组检测移动平台组成；检测移动平台可以实现水平、垂直方向运动，在每组检测移动平台上配置高精度移动机构及高精度激光位移传感器，

高精度移动检测装置的驱动采用进口直线电机，重复定位精度和绝对定位精度好，寿命长，稳定性好，运行平稳且噪音小，其导轨承载大，安装光栅尺组成闭环控制，能够保证检测精度要求。

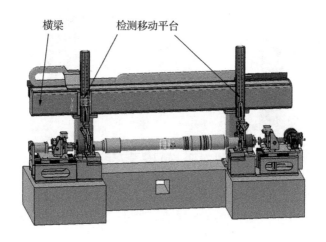

图 7.24 高精度移动检测装置

7.1.5.4 车轴自动定位装夹装置

车轴自动定位装夹装置由车轴旋转驱动装置，车轴顶紧装置，车轴定位部件共三部分组成。

（1）车轴旋转驱动装置

①车轴旋转驱动电机及联轴器

车轴旋转驱动装置采用德国 SEW 减速电机以及德国吉凯恩 GKN 万向联轴器，确保长时间连续平稳的检测运行。

②车轴轴向自锁装置

采用电推缸伺服电机驱动（内置自锁机构），防止测量过程中车轮的轴向位置偏移，该技术方案已在长春轨道客车有限公司相关设备上一直稳定运行。

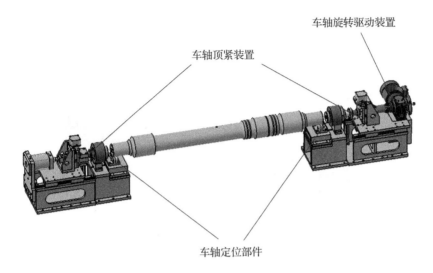

图 7.25　车轴自动定位装夹装置

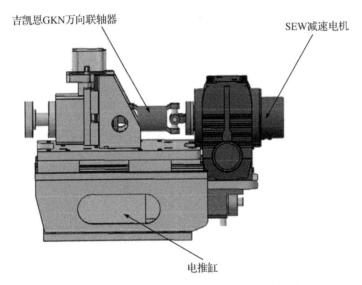

图 7.26　车轴旋转驱动装置（含轴向自锁装置）

（2）车轴顶紧装置

车轴右顶紧装置采用电推缸驱动右侧顶紧机构，当右侧顶紧机构接触到车轴右侧轴端时立即停止运动，并锁死右侧顶紧机构。

车轴左顶紧装置采用左顶紧气缸驱动左侧顶紧机构，使左侧顶紧机构与车轴左侧轴端接触并保持足够大压力（车轴不发生轴向窜动）。车轴顶紧装置如图 7.27 所示。

图 7.27　车轴顶紧装置

（3）车轴定位部件

车轴测量机采用车轴两端轴径表面形成的车轴中心为径向测量基准，即采用轮轴 $\Phi130/\Phi120$ mm 轴颈的外表面作为径向定位基准，由其形成的旋转中心即为规定的径向测量基准，以满足标书规定的对车轴径向尺寸直接测量的技术要求。

轴颈外表面定位结构如 7.28 所示。

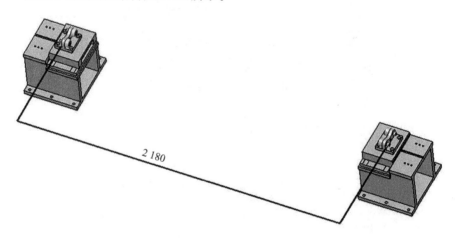

图 7.28　轴颈外表面定位结构图

车轴基准支撑装置由底座、支架和两对轴承组成，其中两轴承中心与车轮轴中心连线的存在一定夹角。同时，车轴基准支撑装置也是车轴旋转检测时的重要定位机构，其上安装的滚动轴承为日本 NSK 品牌，确保检测时车轴旋转平稳。

7.1.5.5 车轴自动上下料装置

车轴自动上下料装置由轴托撑对中部件，轴托撑运动部件，滑动升降部件，共三个部分组成。

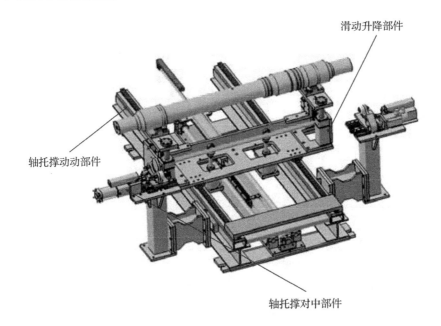

图 7.29 车轴自动上下料装置

（1）轴托撑对中部件

轴托撑对中部件由清洗装置、支撑立柱、高精密轴承、读数气缸、电推缸及导轨组成。如图 7.30 所示。

主要实现功能：当待检测车轴落至该工位时，经由人工粗定位后落下，此时清洗装置进行工作，待检测车轴经清洗完成后，由两侧读数气缸检测相对位置关系，电推缸推动待检测车轴进行轴向运动，直至实现对中。

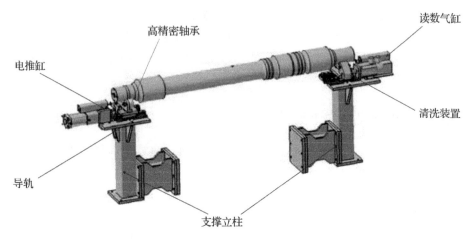

高精密轴承

读数气缸

电推缸

清洗装置

导轨

支撑立柱

图 7.30　轴托撑对中部件

（2）轴托撑运动部件

轴托撑运动部件由底架、2 个气缸、2 条高精密导轨及 2 根高精密光杆组成。如图 7.31 所示。

主要实现功能：当车轴落至轴托撑对中部件后，气缸推动待测车轴运输至检测工位。

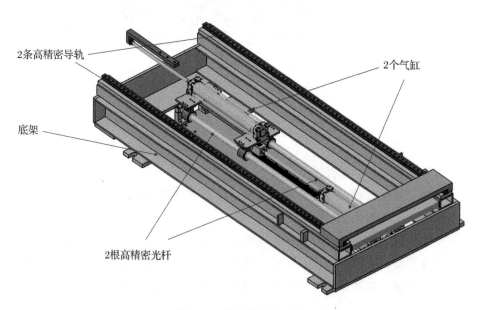

2条高精密导轨

2个气缸

底架

2根高精密光杆

图 7.31　轴托撑运动部件

（3）滑动升降部件

滑动升降部件由 2 个气缸、4 根导向柱、V 形定位块及齿轮齿条组件组成。如图 7.32 所示。

主要实现功能：将待检测车轴从轴托撑对中部件上进行升起，脱离轴托撑对中部件，经由轴托撑运动部件向检测工位运动，到达检测位置后，将待检测车轴落至车轴定位部件上。

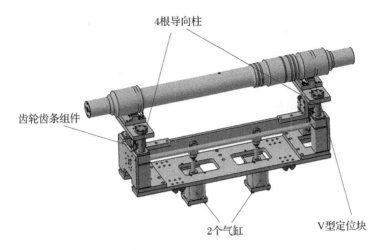

图 7.32　滑动升降部件

7.1.5.6　车轴测量系统

车轴测量系统由轴长检测机构，轴径检测机构共两个部分组成。

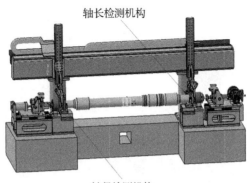

图 7.33　车轴测量系统

（1）轴长检测机构

轴长检测机构由2只激光位移传感器、2个伺服电机、旋转电机及导轨组成。如图7.34所示。

主要实现功能：待检测车轴轴肩距、轴长及轴径长等长度尺寸测量。

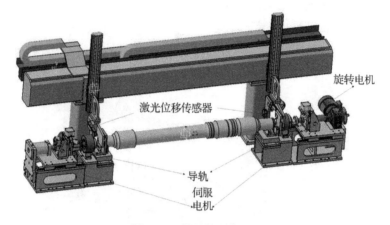

图 7.34　轴长检测机构

（2）轴径检测机构

轴径检测机构由2组轴径检测部件组成。如图7.35所示。

主要实现功能：待检测车轴轴径、防尘板座、轮座、挡油环座检、轴承座、齿轮座、盘座、轴身等径向尺寸测量。

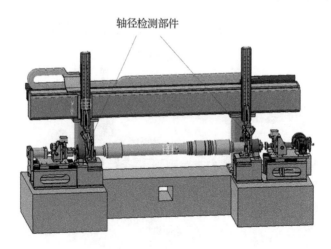

图 7.35　轴径检测机构

7.1.6　测量工作原理

7.1.6.1　轴径测量原理

图 7.36　轴径测量原理

测量原理如下。

激光位移传感器位于技术要求所规定的位置采集车轴直径数据，并将测量数据与标定数据进行差值来计算车轴各段的直径，举例说明计算过程如下。

表 7.1　轴径测量计算过程

序号	车轴直径标定值	检测数据上 1	检测数据下 1	实际测得车直径值
标定行	130.00	(0.091)	(0.087)	130.00（标定值）
1	(130.00)	0.075	0.057	130.046＝130.00－［（0.075＋0.057）－（0.091＋0.087）］
2	(130.00)	0.062	0.072	130.044＝130.00－［（0.062＋0.072）－（0.091＋0.087）］

7.1.6.2　轴长测量原理

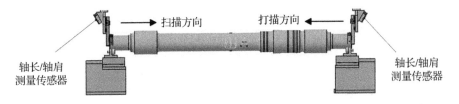

图 7.37　轴长测量原理

测量原理如下。

两侧的轴长/轴肩测量传感器的原点位置间距为 2 500.00 mm。

开始测量时，两侧的轴长/轴肩测量传感器从各自的原点位置出发，沿轴长方向相对运动扫描车轴的外形轮廓，每 0.02 mm 同时采集两只测量传感器的数据，当到达指定位置时，传感器停止运动，完成车轴外形轮廓的数据采集。利用这些数据点，来进行对车轴轴长、轴肩距、轴径长等各个部分尺寸的测量。并自动记录每次测量的数值，自动记录并计算三次测量的平均值。设备测量轴长、轴肩距、轴径长的系统测量精度为±0.1 mm。

激光位移传感器位于技术要求所规定的位置采集车轴长度数据，并将测量数据与标定数据进行差值来计算车轴轴长、轴肩距、轴径的长度，以下表为例说明计算过程如下（单位：mm）。

表 7.2　轴肩距测量计算过程

序号	左一轴长/轴肩测量传感器		右一轴长/轴肩测量传感器		车轴轴长	轴径长	轴间距
	到左轴端	到左轴肩	到右轴端	到右轴肩			
1	150.866	296.662	169.131	316.086	2 180.003	145.796/ 146.955	1 887.252
2	149.961	295.965	170.038	316.789	2 180.001	146.004/ 146.751	1 887.246

轴长计算公式：被测量车轴轴长＝标定尺寸－到左轴端距离－到右轴端距离＝2 500－150.866－169.131＝2 180.003。

轴径长计算公式：被测量车轴轴径长（左）＝到左轴肩距离－到左轴端距离＝296.662－150.866＝145.796。

被测量车轴轴径长（右）＝到右轴肩距离－到右轴端距离＝316.086－169.131＝146.955。

轴间距计算公式：被测量车轴轴间距＝标定尺寸－到左轴肩距离－到右轴肩距离＝2 500－296.662－316.086＝1 887.252。

7.1.7　控制系统工作原理

车轴测量机的控制系统由四个部分组成，分别为：PMAC 伺服电机控制、测量数据采集,光栅位移反馈控制和气动控制。PMAC 伺服电机控制与光栅位移反馈系统构成闭环控制系统,用于精确控制激光位移传感器的测量位置。其原理为工控机发出指令给 PMAC 运动控制卡,PMAC 运动控制卡发出信号给相应的伺服驱动器,再由伺服驱动器控制控制各伺服电机旋转移动,激光位移传感器的移动距离由光栅尺测得并反馈给 PMAC 运动控制卡,再由控制卡计算出补偿量实现激光位移传感器的精确位置控制。

本检测装置总控制原理图,图 7.38 所示;伺服电机控制原理图,图 7.39 所示;光栅位移反馈原理图,图 7.40 所示;测量数据采集原理图,图 7.41 所示;气路控制原理图,图 7.42 所示。

伺服电机控制系统分别控制左右轴径伺服电机、左右轴径升降伺服电机和直线电机。主要完成检测车轴不同位置轴径功能。

PMAC 伺服电机控制与光栅位移反馈系统构成闭环控制系统,用于精确控制激光位移传感器的测量位置。其原理为工控机发出指令给 PMAC 运动控制卡,PMAC 运动控制卡发出信号给相应的伺服驱动器,再由伺服驱动器控制控制各伺服电机旋转移动,激光位移传感器的移动距离由光栅尺测得并反馈给 PMAC 运动控制卡,再由控制卡计算出补偿量实现激光位移传感器的精确位置控制。完成左右侧轴径前位移光栅尺、左右侧轴径后位移光栅尺、左右侧轴径升降光栅尺、直线电机光栅尺 7 处的控制。

测量数据采集系统由数据采集卡采集图示中 6 只激光位移传感器的测量数据,并回传至工控机进行数据计算、分析并通过显示器实时显示各个项目的测量结果。

气路控制系统主要完成左右顶紧气缸、左右变径气缸、左右读数气缸、左右升降气缸和行进气缸 1 和 2 的控制。

以上各系统的相互关系是 PLC 控制系统为 PMAC 伺服电机控制与光栅位移反馈系统构成闭环控制系统做开始的定位准备以及最后的退出功能,在 PLC 控制的各部件与 PMAC 伺服电机控制与光栅位移反馈系统构成闭环控制系统可以同时运行工作,如闭环控制系统在工作时 PLC 运行其他部件工作时有可能发生危险,造成测量设备损坏。

7.1.7.1 总控制原理

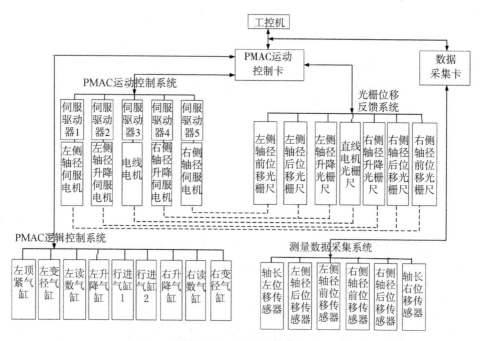

图 7.38 总控制原理图

7.1.7.2 伺服电机控制原理

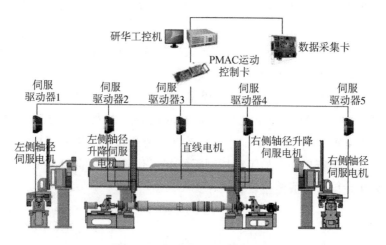

图 7.39 伺服电机控制原理图

7.1.7.3 光栅位置反馈原理

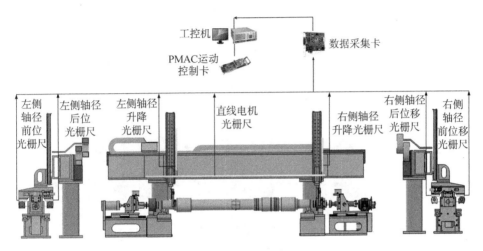

图 7.40 光栅位置反馈原理图

7.1.7.4 数据采集原理

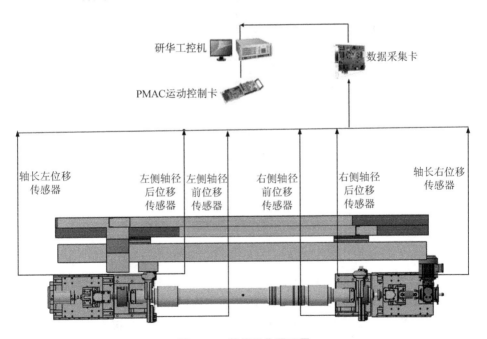

图 7.41 数据采集原理图

7.1.7.5 气路控制原理

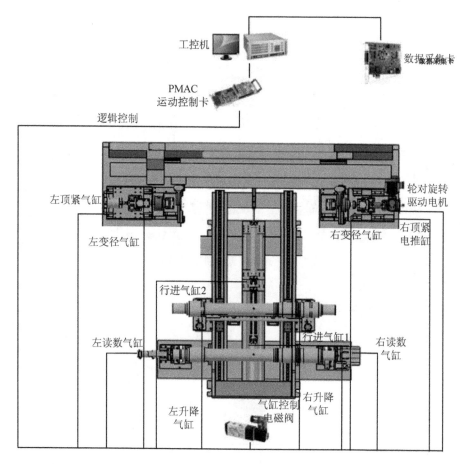

图 7.42　气路控制图

7.2　轮对测量机

国内轨道客车生产制造企业在铁道客车轮对几何参数制造质量检测方面还处在人工检测阶段。无论是新生产的铁道客车轮对还是镟修的轮对，其检测和参数记录都需检测人员手工完成。检测过程无法消除人为的因素，测量误差重复性较差，且出现质量问题时无法进行有效追溯。

图 7.43　轮对生产企业的轮对检测

以国内某铁路总公司的一个车辆段为例,该车辆段每天需要检测的铁道客车轮对数量达数百个,因操作人员的疲劳,目测的误差等因素影响,测量数据的误差较大,检测精度不高,工作效率较低,无法适应动车轮对现代化生产的检测技术要求,已严重制约了铁道客车轮对生产企业的效能发挥。图 7.38 为国内某铁道客车轮对制造企业的生产检测现场。

7.2.1　轮对检测技术要求

设备能够实现各种城轨转向架的动车轮对(每条动车轮对包括车轴齿轮箱1 条、2 个车轮组成)、拖车轮对(每条拖车轮对包括车轴 1 条、2 个车轮)的车轮滚动圆直径(滚动圆的实际值、同一轮对滚动圆直径差值不超过0.5 mm)、车轮滚动圆径向跳动(实测值,距车轮内侧面 70 mm 处的滚动圆径向跳动标准要求为 0.3 mm)、轮位差(轮位实测值及左右两侧的轮位差值;A 型港铁轴长 2 204 mm、轴肩距 1 886 mm、轮位值 266.5 mm、轴径为$\Phi130$;A 型庞巴迪轴长 2 180 mm、轴肩距 1 798 mm、轮位值 222.5 mm、轴径为 $\Phi130$;B 型城轨轴长 2 096 mm、轴肩距 1 732 或 1 742 mm、轮位值189.5 或 194.5 mm、轴径为 $\Phi120$;轮位差值不超过 1 mm)、车轮端跳(实测值,轮缘顶部向下 60 mm 处的端跳为 0.5 mm)、轮对内侧距 L_1(三点均布实测值,轮缘顶部向下 60 mm 处的为 1 353 mm、三点差值不超过 1 mm)。

设备能够实现 CRH5 动车轮对(每条动车轮对包括车轴齿轮箱 1 条、2 个车轮、2 个制动盘）、CRH5 拖车轮对（每条拖车轮对包括车轴 1 条、2 个车轮、3 个制动盘）的车轮滚动圆直径 D（$\Phi810\sim\Phi920$ mm 范围内的实际值）、车轮滚动圆径向跳动（实测值，CRH5 距车轮内侧面 70 mm 处的滚动圆径向跳动标准要求为 0.2 mm）、轮位差（C_1 和 C_2 的实测值及 C_1 与 C_2 差值、CRH5 的 C_1 及 C_2 名义值为 222.5 mm）、车轮端跳（实测值，CRH5 标准要求轮缘顶部向下 60 mm 处的端跳为 0.3 mm）、轮对内侧距 L_1（实测值，CRH5 标准要求轮缘顶部向下 60 mm 处的为 1 353＋1.20 mm）、盘位差（E_1 和 E_2 及 E_3 实测值及 E_1 与 E_2 差值，CRH5 的 E_3 名义值为 939 mm、CRH5 的 E_1 及 E_2 名义值为 469 mm）、制动盘端跳（实测值，CRH5 标准要求制动盘顶部向下 30 mm 处的端跳为 0.5 mm）的尺寸精度检测工作。

设备能够满足各种铁路客车转向架的动车和拖车轮对的规格为轮对质量为 2 t、轨距为 1 435 mm、轴长 2 090～2 250 mm、车轮滚动圆直径为 $\Phi810\sim$ $\Phi920$ mm、车轮厚 135 mm、制动盘厚 X 直径为 $80\times\Phi640$ mm、空心轴（CRH3 空心轴内孔为 $\Phi30$ mm 及顶尖孔为 90°、CRH5 空心轴内孔为 $\Phi65$ mm 及顶尖孔为 60°）、实心轴端顶尖孔为 60°、轴径 $\Phi130$ 及 $\Phi120$、动车轮对齿轮箱在轮对中心及不在中心等轮对尺寸测量工作，典型轮对零部件外观尺寸示意图如图 7.44、7.45 所示。

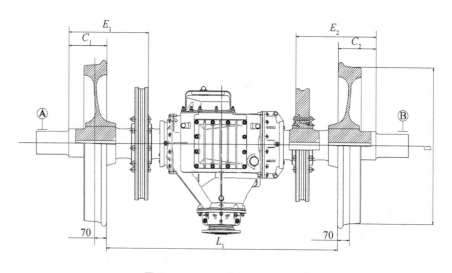

图 7.44　CRH5 动车轮对示意图

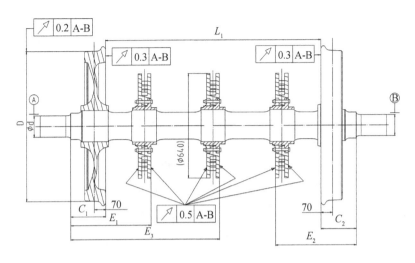

图 7.45　CRH5 拖车轮对示意图

7.2.2　轮对测量机的测量要求

图示位置的传感器具有检测各种城轨转向架的动车轮对（每条动车轮对包括车轴齿轮箱 1 条、2 个车轮组成）、拖车轮对（每条拖车轮对包括车轴 1 条、2 个车轮）的车轮滚动圆直径（滚动圆的实际值、同一轮对滚动圆直径差值不超过 0.5 mm）的功能。

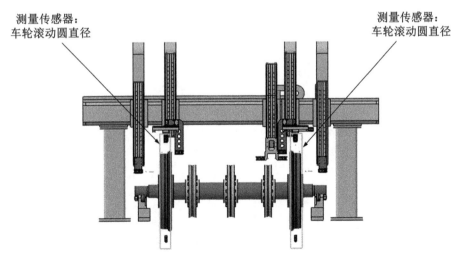

图 7.46　滚动圆直径测量位置示意图

图示位置的传感器具有检测车轮滚动圆径向跳动（实测值，距车轮内侧面 70 mm处的滚动圆径向跳动标准要求为0.3 mm）的功能。

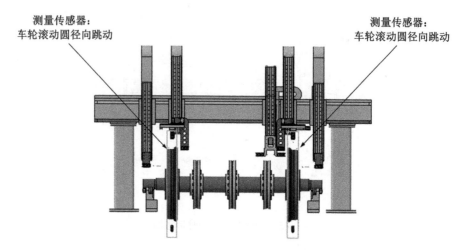

图 7.47　滚动圆径向跳动测量位置示意图

图示位置的传感器具有检测轮位差（轮位实测值及左右两侧的轮位差值；A 型港铁轴长 2 204 mm、轴肩距 1 886 mm、轮位值 266.5 mm、轴径为 $\Phi130$；A 型庞巴迪轴长 2 180 mm、轴肩距 1 798 mm、轮位值 222.5 mm、轴径为 $\Phi130$；B 型城轨轴长 2 096 mm、轴肩距 1 732 或 1 742 mm、轮位值 189.5 或 194.5 mm、轴径为 $\Phi120$；轮位差值不超过 1 mm）的功能。

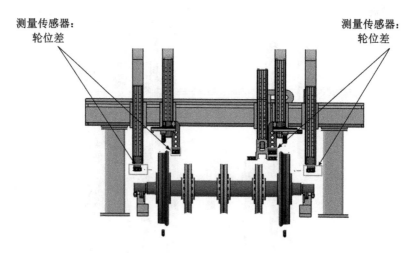

图 7.48　轮位差测量位置示意图

图示位置的传感器具有检测车轮端跳（实测值，轮缘顶部向下 60 mm 处的端跳为 0.5 mm）的功能。

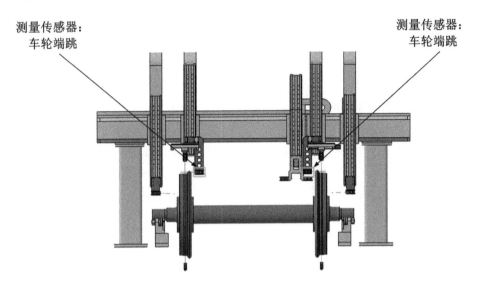

图 7.49　车轮端跳测量位置示意图

　　图示位置的传感器具有检测轮对内侧距 L1（三点均布实测值，轮缘顶部向下 60 mm 处的为 1 353 mm、三点差值不超过 1 mm）的功能。

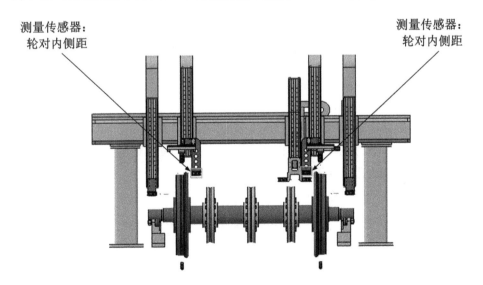

图 7.50　轮对内侧距测量位置示意图

轮对测量机主要完成以下内容。

（1）CRH5 动车轮对（每条动车轮对包括车轴齿轮箱 1 条、2 个车轮、2 个制动盘）、CRH5 拖车轮对（每条拖车轮对包括车轴 1 条、2 个车轮、3 个制动盘）的车轮滚动圆直径 D（$\Phi810\sim\Phi920$ mm 范围内的实际值）。

（2）车轮滚动圆径向跳动（实测值，CRH5 距车轮内侧面 70 mm 处的滚动圆径向跳动标准要求为 0.2 mm）。

（3）轮位差（C_1 和 C_2 的实测值及 C_1 与 C_2 差值、CRH5 的 C_1 及 C_2 名义值为 222.5 mm）。

（4）车轮端跳（实测值，CRH5 标准要求轮缘顶部向下 60 mm 处的端跳为 0.3 mm）。

（5）轮对内侧距 L_1（实测值，CRH5 标准要求轮缘顶部向下 60 mm 处的为 1 353＋1.20 mm）。

（6）盘位差（E_1 和 E_2 及 E_3 实测值及 E_1 与 E_2 差值，CRH5 的 E_3 名义值为 939 mm、CRH5 的 E_1 及 E_2 名义值为 469 mm）。

（7）制动盘端跳（实测值，CRH5 标准要求制动盘顶部向下 30 mm 处的端跳为 0.5 mm）。

采用轴径定位方式，能够满足各种铁路客车转向架的动车和拖车轮对的规格为如下。

（1）轮对质量为 2 t。

（2）轨距为 1 435 mm。

（3）轴长 2 090～2 250 mm。

（4）车轮滚动圆直径为 $\Phi770\sim\Phi920$ mm。

（5）车轮厚 135 mm。

（6）制动盘厚 X 直径为 80×$\Phi640$ mm。

（7）空心轴（CRH3 空心轴内孔为 $\Phi30$ mm 及顶尖孔为 90°、CRH5 空心轴内孔为 $\Phi65$ mm 及顶尖孔为 60°）。

（8）实心轴端顶尖孔为 60°。

（9）轴径 $\Phi130$ 及 $\Phi120$、动车轮对齿轮箱在轮对中心及不在中心等轮对尺寸测量工作。

图 7.51　轮对轴颈定位示意图

7.2.3　轮对测量机机械结构

轮对测量机机械结构由主机基座、龙门框架、轮对基准支撑装置、轮对旋转驱动装置、轮对顶紧装置、轮对输送轨道、轮对自动上下料装置、高精度移动检测装置共八部分组成。如图 7.52 所示。

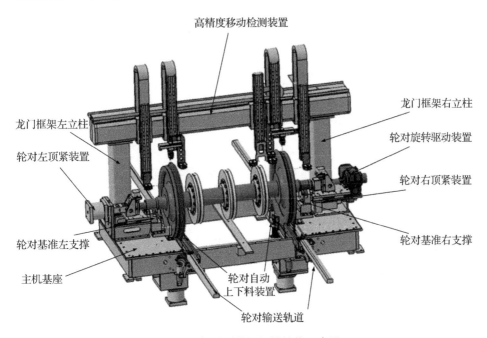

图 7.52　轮对测量机机械结构示意图

7.2.3.1　主机基座

主机基座为钢板焊接框架结构。经过时效处理后，在龙门数控加工中心上完成基座的切削加工。基座总体尺寸：长度为 3 170 mm，含连接导轨的宽度为 2 200 mm，基座地板的宽度为 1 640 mm，基座高度为 310 mm。

图 7.53 所示的主机基座是所有其他部件安装的基础。

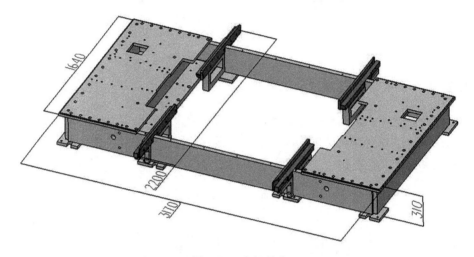

图 7.53　主机基座

7.2.3.2　龙门框架

龙门框架由两个龙门立柱和横梁组成，采用螺栓连接组成龙门框架。

（1）龙门框架立柱

龙门框架立柱总体尺寸如下。

上底板：长 310 mm，宽 310 mm，厚度 23 mm；

下底板：长 350 mm，宽 370 mm，厚度 32 mm；

总高度：1 150 mm；

方钢管：截面 250 mm×250 mm，壁厚 12 mm，材料 Q235。

两立柱外侧间距为 3 050 mm；

门架立柱主要功能为连接主机基座与横梁。

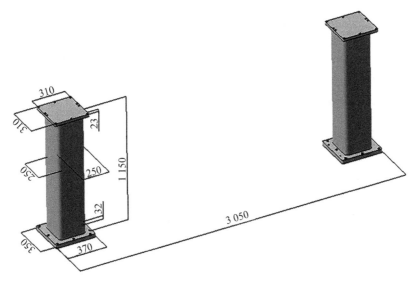

图 7.54 龙门框架立柱

（2）横梁

横梁采用标准高精度电动平移台，总长 3 420 mm，宽 256 mm，高 280 mm。主体采用钢质材料。

电动平移台产品特性如下。

①采用进口直线电机驱动，重复定位精度和绝对定位精度好，寿命长，稳定性好，运行平稳且噪音小。

②导轨承载大，适合重载使用。

③导轨固定方式大大地降低了电移台的俯仰和偏摆，使运动的直线度和平行度有较大提高。

④安装光栅尺做闭环控制，大大提高定位精度。

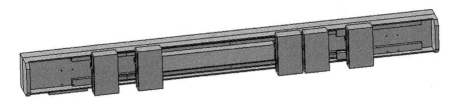

图 7.55 横梁产品示意图

7.2.3.3 轮对基准支撑装置

轮对测量机采用轮轴两端轴径表面形成的车轴中心为径向测量基准，即采用轮轴 Φ130/Φ120 mm 轴颈的外表面作为径向定位基准，由其形成的旋转中心即为规定的径向测量基准，以满足标书规定的对轮对径向尺寸直接测量的技术要求。

轴颈外表面定位结构如图 7.56 所示。

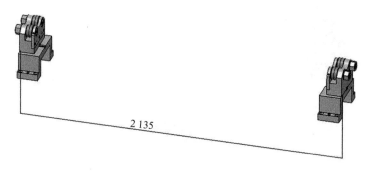

2 135

图 7.56 轴颈外表面定位结构图

轮对基准支撑装置由底座、支架和两对轴承组成，其中两轴承中心与车轮轴中心连线的存在一定夹角。同时，轮对基准支撑装置也是轮对旋转检测时的重要定位机构，其上安装的滚动轴承为日本 NSK 品牌，确保检测时轮对旋转平稳。

以轴颈外表面作为径向定位基准与中心孔作为径向定位基准方案相比较，前者测量得到的数据更符合铁道客车运行实际工况。

7.2.3.4 轮对旋转驱动装置（含轴向自锁装置）

（1）轮对旋转驱动电机及联轴器

轮对旋转驱动装置采用德国 SEW 减速电机以及德国吉凯恩 GKN 万向联轴器，确保长时间连续平稳的检测运行。

（2）轮对轴向自锁装置

采用电推缸伺服电机驱动（内置自锁机构），防止测量过程中车轮的轴向位置偏移，该技术方案已在长春轨道客车有限公司相关设备上一直稳定运行。

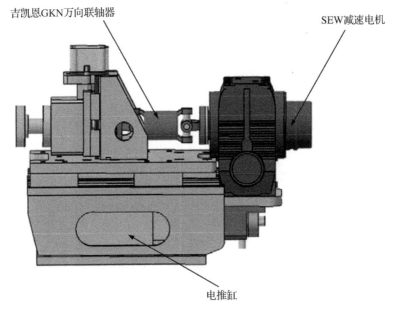

吉凯恩GKN万向联轴器

SEW减速电机

电推缸

图 7.57　轮对旋转驱动装置（含轴向自锁装置）

7.2.3.5　轮对顶紧装置

轮对右顶紧装置采用电推缸驱动右侧顶紧机构，当右侧顶紧机构接触到轮对右侧轴端时立即停止运动，并锁死右侧顶紧机构。

轮对左顶紧装置采用左顶紧气缸驱动左侧顶紧机构，使左侧顶紧机构与轮对左侧轴端接触并保持足够大压力（轮对不发生轴向窜动）。

轮对顶紧装置如图 7.58 所示。

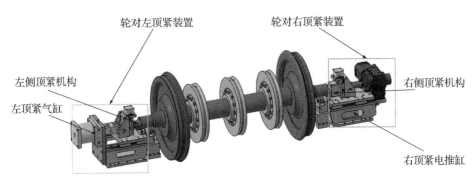

轮对左顶紧装置

轮对右顶紧装置

左侧顶紧机构

右侧顶紧机构

左顶紧气缸

右顶紧电推缸

图 7.58　轮对顶紧装置

7.2.3.6　轮对输送轨道

在轮对检测时，操作人员将轮对从设备前面地面轨道通过轮对输送轨道推到轮对检测初始定位处，然后设备自动完成轮对的定位和各部测量工作，完成检测后设备再自动将轮对弹出到设备检测初始定位处。

轮对输送轨道如图 7.59 所示。

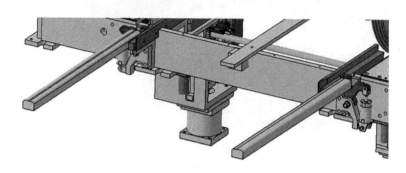

图 7.59　轮对输送轨道

7.2.3.7　轮对自动上下料装置

轮对自动上下料装置如图 7.60 所示，由轮对升降机构及轮对拨出机构组成。

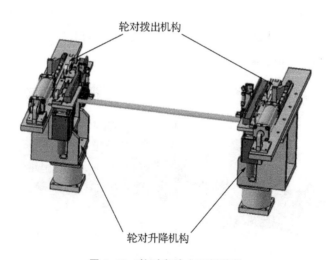

轮对拨出机构

轮对升降机构

图 7.60　轮对自动上下料装置

（1）轮对升降机构

轮对升降机构如图 7.61 所示，由升降气缸、直线轴承和齿轮齿条机构三部分组成。

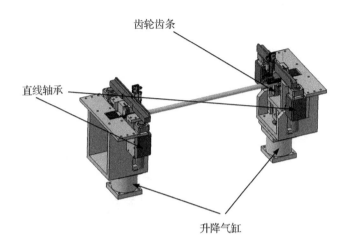

图 7.61　轮对升降机构

（2）轮对弹出机构

轮对弹出机构由弹出气缸、弹出杆固定块、弹出杆、滚轮、停轮杆和凸轮板六个部分组成。当轮对检测完成后，激光位移传感器和左右顶紧机构回到初始位置，弹出机构气缸向前推出，带动弹出杆绕弹出杆固定块做旋转运动，依靠气缸输出力，自动将轮对拨出到设备迎轮位置的地面轨道上。

轮对弹出机构如图 7.62 所示。

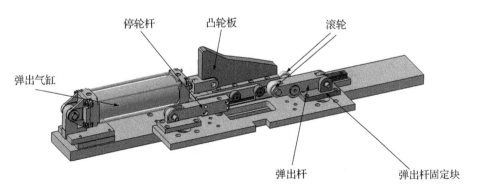

图 7.62　轮对弹出机构

7.2.3.8 高精度移动检测装置

高精度移动检测装置由横梁、三个水平移动平台及五个 Z 向移动平台组成；在高精度移动检测装置上设有：左右车轮内侧传感器、左右轮直径传感器、左右轴肩基准传感器、左右轮下方传感器及制动盘传感器。

高精度移动检测装置，主体材质采用钢和铝合金材料，驱动采用进口直线电机，重复定位精度和绝对定位精度好，寿命长，稳定性好，运行平稳且噪音小，其导轨承载大，安装光栅尺组成闭环控制，能够保证检测精度要求。

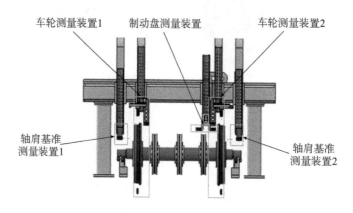

图 7.63　移动检测装置

在检测装置上安装测量系统，测量系统由 2 套车轮测量装置、2 套轴肩基准测量装置和 1 套制动盘测量装置组成。主要结构如图 7.64 所示。

10 个传感器布置如图 7.65 所示。

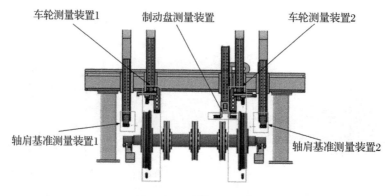

图 7.64　测量系统构成

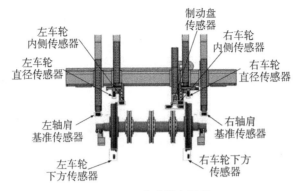

图 7.65 传感器布置图

7.2.4 测量工作原理

7.2.4.1 检测项目

表 7.3 检测项目

序号	测量项目	测量值/mm	测量位置
1	车轮滚动圆直径 D	测量类型：A 型港铁、A 型庞巴迪和 B 型城轨转向架的动车及拖车、CRH5 的动车及拖车；测量直径范围：Φ770 mm～Φ920 mm	距车轮内侧面 70 mm/73.5 mm 处
2	车轮滚动圆径向跳动	A 型港铁、A 型庞巴迪和 B 型城轨转向架的动车及拖车：0.3 mm	距车轮内侧面 70 mm 处
		CRH5：0.2 mm	
3	轮位差	A 型港铁轴长 2 204 mm、轴肩距 1 886 mm、轮位值 266.5 mm、轴径为 Φ130 mm	
		A 型庞巴迪轴长 2 180 mm、轴肩距 1 798 mm、轮位值 222.5 mm、轴径为 Φ130 mm	
		B 型城轨轴长 2 096 mm、轴肩距 1 732 或 1 742 mm、轮位值 189.5 或 194.5 mm、轴径为 Φ120 mm	
		CRH5：222.5、C1、C2、ABS（C1－C2）	

序号	测量项目	测量值/mm	测量位置
4	车轮端跳	A型港铁、A型庞巴迪和B型城轨转向架的动车及拖车：0.5mm	轮缘顶部向下 60mm 处
		CRH5：0.3mm	
4	轮对内侧距 L1	A型港铁、A型庞巴迪和B型城轨转向架的动车及拖车：1 353 mm	三点均布实测值，轮缘顶部向下 60 mm 处三点差值不超过 1 mm
		CRH5：1353＋1.2 0	
5	盘位差	CRH5：0.5 mm	CRH5 标准要求制动盘顶部向下 30 mm 处
6	制动盘端跳	CRH5：0.5mm	CRH5 标准要求制动盘顶部向下 30 mm 处

7.2.4.2　测量工作原理

（1）车轮滚动圆直径 D

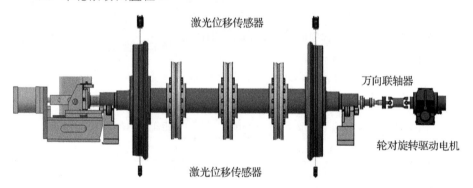

图 7.66　车轮滚动圆直径 D 传感器位置

测量原理如下。

激光位移传感器位于技术要求所规定的位置采集车轮滚动圆直径数据，并将测量数据与标定数据进行差值来计算车轮的直径，举例说明计算过程如下。

表 7.4　车轮滚动圆直径 D 计算过程

序号	车轮直径标定值	检测数据上 1	检测数据下 1	实际测得车轮直径值
标定行	840.00	(10.281)	(10.279)	840.00（标定值）
	(840.00)	10.176	10.168	840.216＝840.00－［(10.176＋10.168)－(10.281＋10.279)］
	(840.00)	10.302	10.113	840.145＝840.00－［(10.302＋10.113)－(10.281＋10.279)］

（2）车轮滚动圆径向跳动

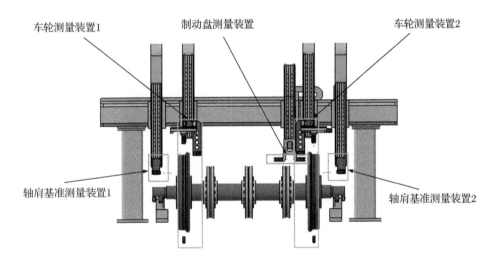

图 7.67　车轮滚动圆径向跳动传感器位置

测量原理如下。

①激光位移传感器采集车轮踏面直径处转动多圈的数据。

②对点数据进行滤波处理，清除车轮踏面直径处上的干扰点，如小颗粒点、小凹坑等。

③车轮径跳＝点数据的最大值－点数据的最小值。

（3）轮位差

图 7.68 轮位差传感器位置

测量原理如下。

激光位移传感器分别在技术要求规定位置处采集点的数据，与标定数据进行差值来计算轮位差值，下面举例说明计算过程。

表 7.5 轮位差计算过程

序号	轮位差标定值	检测数据 1	检测数据 2	实际测得轮位差值
标定行	（222.062）	（15.281）	（10.865）	222.062（标定值）
	（222.062）	15.321	10.825	$222.062 = 222.062 + [（15.321 - 15.281） + （10.825 - 10.625）]$
	（222.062）	15.266	10.851	$222.033 = 222.062 = [（15.266 - 15.281） + （10.851 - 10.625）]$

左右轮轮位差值＝ABS（左轮轮位差值－右轮轮位差值）

（4）车轮端跳

图 7.69 轮对端跳传感器位置

测量原理如下。

①激光位移传感器采集车轮端面转动多圈的数据。

②对点数据进行滤波处理，清除车轮端面上的干扰点，如小颗粒点、小凹坑等。

③轮端跳＝点数据的最大值－点数据的最小值。

（5）轮对内侧距离

测量原理如下。

激光位移传感器位于图示位置处采集点的数据，与标定数据进行差值来计算轮对内侧距离，下面举例说明计算过程。

图 7.70　轮对内侧距离传感器位置

表 7.6　轮对内侧距计算过程

序号	轮对内侧距离值标定值	检测数据 1	检测数据 2	实际测得轮对内侧距离值
标定行	（1354.006）	（15.281）	（10.865）	1354.006（标定值）
	（1354.006）	15.321	10.925	1354.106＝1354.006－［（15.281＋10.865）－（15.321＋10.925）］
	（1354.006）	15.266	10.851	1353.977＝1354.006－［（15.281＋10.865）－（15.266＋10.851）］

（6）盘位差

盘位差是指 E_1、E_2 和 E_3 实测值，及 E_1 与 E_2 差值。

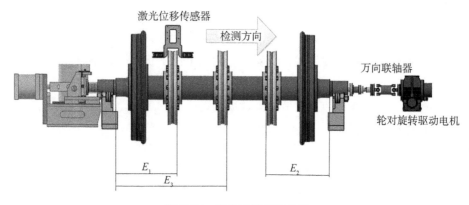

图 7.71　盘位差传感器位置

（7）制动盘端跳

测量原理如下。

①激光位移传感器采集车轮端面转动多圈的数据。

②对点数据进行滤波处理，清除车轮端面上的干扰点，如小颗粒点、小凹坑等。

③制动盘端跳＝点数据的最大值－点数据的最小值。

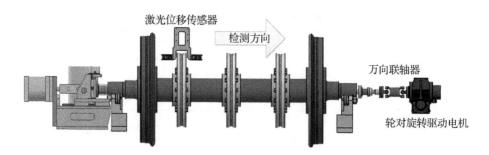

图 7.72　制动盘端跳传感器位置

7.2.5　控制系统工作原理

轮对测量机的控制系统由四个部分组成，分别为：PMAC 伺服电机控制、光栅位移反馈控制、测量数据采集系统和逻辑控制。PMAC 伺服电机控制与光栅位移反馈系统构成闭环控制系统，用于精确控制激光位移传感器的测量位置。其原理为工控机发出指令给 PMAC 运动控制卡，PMAC 运动控制卡发出信号给相应的伺服驱动器，再由伺服驱动器控制控制各伺服电机旋转移动，激光位移传感器的移动距离由光栅尺测得并反馈给 PMAC 运动控制卡，再由控制卡计算出补偿量实现激光位移传感器的精确位置控制。

本检测装置根据完成的功能不同可分为 PLC 控制系统，如图 7.73 所示；PMAC 运动控制系统，如图 7.74 所示；光栅位移反馈系统，如图 7.75 所示；测量数据采集系统，如图 7.76 所示；逻辑控制原理图，如图 7.77 所示。

PMAC 伺服电机控制与光栅位移反馈系统构成闭环控制系统，用于精确控制激光位移传感器的测量位置。其原理为工控机发出指令给 PMAC 运动控制卡，PMAC 运动控制卡发出信号给相应的伺服驱动器，再由伺服驱动器控制控制各伺服电机旋转移动，激光位移传感器的移动距离由光栅尺测得并反馈给 PMAC 运动控制卡，再由控制卡计算出补偿量实现激光位移传感器的精确位置控制。

测量数据采集系统由米铱数据采集卡采集图示中 10 只激光位移传感器的测量数据，并回传至工控机进行数据计算、分析并通过显示器实时显示各个项目的测量结果。

以上各系统的相互关系是 PLC 控制系统为 PMAC 伺服电机控制与光栅位移反馈系统构成闭环控制系统做开始的定位准备以及最后的退出功能，在 PLC 控制的各部件中除轮对旋转电机与 PMAC 伺服电机控制与光栅位移反馈系统构成闭环控制系统可以同时运行工作，如闭环控制系统在工作时 PLC 运行其他部件工作时有可能发生危险，造成测量设备损坏。

PMAC 伺服电机控制与光栅位移反馈系统构成的闭环控制系统是为测量数据采集系统做的精确位移准备，精度为微米级，同时部分测量数据采集系统采集到的数据为闭环控制系统控制的部分运动平台的移动数据依据，在设备运行时，切勿人为干涉，如大力阻碍运动平台正反方向的运动，或者将肢体或者异物至于传感器与检测表面之间，有可能导致测量数据不准确、运动平台停止工作、伺服放大器报警，更甚者导致检测平台撞击被检测轮对，造成检测设备损坏，轮对划伤等故障。

7.2.5.1 控制原理关系图

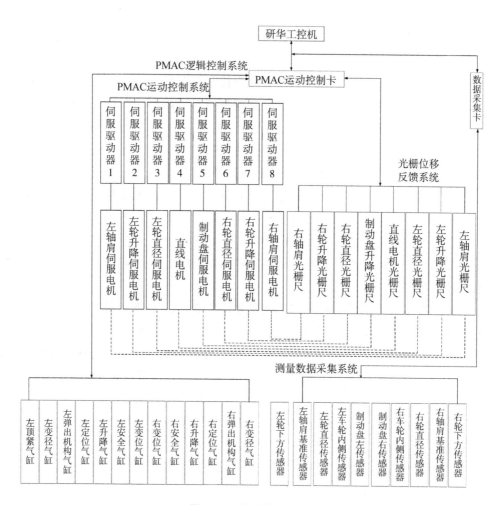

图 7.73 总控制原理图

7.2.5.2 伺服电机控制原理图

PLC 控制系统分别控制左右电推缸、轮对旋转驱动电机、平移动力气缸以及轴向顶紧气缸。主要完成预检工作台完成迎轮、定位、推轮、轮对旋转以及轮对轴向夹紧定位功能。

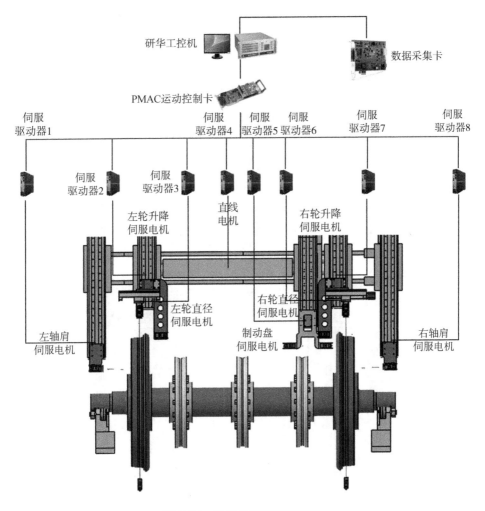

图 7.74　伺服电机控制原理图

7.2.5.3　光栅位移反馈原理图

图 7.75 为光栅位移反馈原理图，该系统与 PMAC 伺服电机控制系统构成闭环控制系统，实现激光位移传感器的精确位置控制。

PMAC 伺服电机控制与光栅位移反馈系统构成闭环控制系统，用于精确控制激光位移传感器的测量位置。其原理为工控机发出指令给 PMAC 运动控制卡，PMAC 运动控制卡发出信号给相应的伺服驱动器，再由伺服驱动器控制控制各伺服电机旋转移动，激光位移传感器的移动距离由光栅尺测得并反馈给 PMAC 运动控制卡，再由控制卡计算出补偿量实现激光位移传感器的精确位置控制。控制左右轮升降光栅尺、左右车直径光栅尺、直线电机光栅尺、制动盘升降光栅尺。

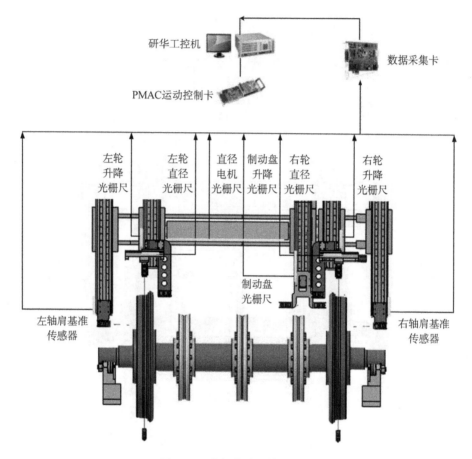

图 7.75　光栅位移反馈原理图

7.2.5.4　测量数据采集原理图

图 7.76 为测量数据采集原理图，数据采集卡采集图示中 10 只激光位移传感器的测量数据，并回传至工控机进行数据计算、分析并通过显示器实时显示各个项目的测量结果。

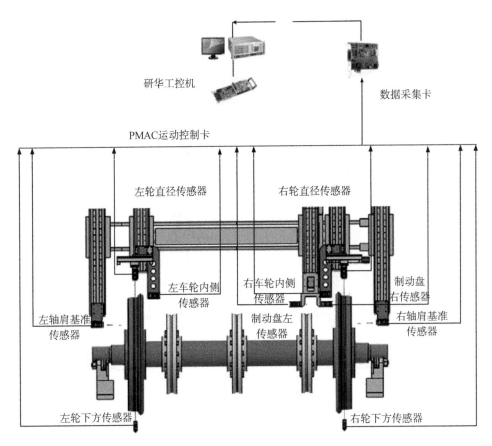

图 7.76　数据采集原理图

7.2.5.5　逻辑控制

图 7.77 为 PMAC 逻辑控制原理图，分别控制左顶紧气缸、左右变径气缸、左右定位气缸、左右变位气缸、左右升降气缸、左右弹出机构气缸、左右安全气缸、轮对旋转驱动电机以及右顶紧电推缸。主要完成轮对左顶紧、轮对变径调整、轮对定位、轮对测点变位、轮对升降、轮对拨出、轮对旋转及轮对右顶紧等控制功能。

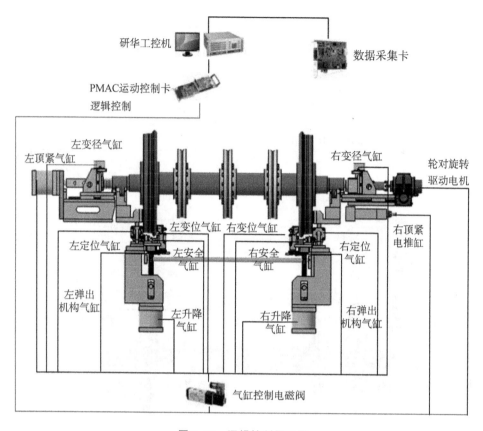

研华工控机

数据采集卡

PMAC运动控制卡
逻辑控制

左变径气缸

左顶紧气缸

右变径气缸

轮对旋转
驱动电机

左变位气缸　右变位气缸

右顶紧
电推缸

左定位气缸

左安全
气缸

右安全
气缸

右定位气缸

左弹出
机构气缸

左升降
气缸

右升降
气缸

右弹出
机构气缸

气缸控制电磁阀

图 7.77　逻辑控制原理图

7.3　转向架测量装置

铁道客车转向架是铁道客车关键部件之一，一般铁道客车转向架由前后 2 个轮对轴箱装置、弹性悬挂装置、构架、基础制动装置、支撑车体装置 5 部分组成。其中轮对的车轮与轨道接触运行，车轮直径尺寸不仅对铁道客车运行安全性、稳定性和乘坐的舒适性有重要的影响，同时也影响着转向架轮对的磨损程度和使用寿命。

目前，现有的铁道客车转向架的轮对直径是在装配转向架前完成人工手动测量，装配后的转向架因轮对只有部分露在外部，故轮对直径不能再进行手动测量。不再检测直径的转向架直至铁道客车整机测试的时候才能确定是否装配正确，不正确的话需要将车厢、转向架的各组成装置全部拆卸，再进行适合尺寸的轮对重新装配、性能测试等。这样造成大量人力、物力和财力的浪费。

包括 2D 检测和 3D 检测装置。

7.3.1　转向架测量技术要求

目前，铁道客车转向架主要测量参数如下表所示。

表 7.7　CRH3 动车转向架主要测量参数

测量内容	参数/mm	精度要求/mm
轮径差	920 (0，+0.5)	0.1
轴距	2500 (±1.5)	0.1
平行度		0.1

对铁道客车转向架的自动几何尺寸检测，主要实现对铁道客车转向架 2 条轮对上的车轮直径进行检测，以及 2 条轮对间的轴距尺寸与平行度的检测。首先，该系统应该满足铁道客车转向架生产节拍的要求；其次，应能够根据不同铁道客车转向架的型号进行轮对直径、轴距、平行度等参数的测量。根据以上技术要求，最终确定技术指标如下所示。

第一，能满足铁道客车转向架装配检测生产线上对该系统涉及检测项目时间的需求。

第二，需设置 $A=2\,200$、$2\,400$、$2\,500$、$2\,800$ 四种固定转向架轴距，同时能够满足在 $2\,200\sim2\,800$ 内轴距可调。

第三，检测内容包括铁道客车转向架中两条轮对的四个车轮直径、同条轮对的轮径差、前后轮对的轴间距 A1、A2、前后轮对的平行度。

第四，采用非接触测量手段，测量工程中无须人工参与。

第五，系统具备自动校准功能，满足现场校准需要。

根据铁道客车转向架工艺的要求轴距尺寸 $A\pm1.5$ mm；车轴距离、平行度测量精度≤±0.1 mm；轮径差测量精度≤±0.1 mm；在综合考虑现有传感器及成本确定以下技术指标：系统测量精度 0.1 mm；每个铁道客车转向架测量时间不超过 10 min。

7.3.2 转向架 2D 快速直径检测装置

转向架 2D 快速直径检测装置对装配后铁道客车转向架车轮直径动态进行快速复检，铁道客车转向架种类繁多，测量轮对直径的位置要求为距离车轮内侧面 70 mm 或 73.5 mm 的截面；其采用点激光位移传感器测量车轮内侧面，作为测量直径的基准点；车轮上方线激光传感器 a_1、线激光传感器 a_2 及车轮下方线激光传感器的 b_1、线激光传感器 b_2 分别采取距离内侧面 Δ_1（Δ_1 表明测量不同转向架直径的测量位置，如 70.00 mm/73.5 mm）处，作为测量铁道客车转向架中车轮直径测量点。通过多传感器融合技术，测量出铁道客车转向架车轮的直径。

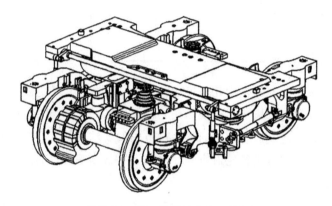

图 7.78　某一待测转向架示意图

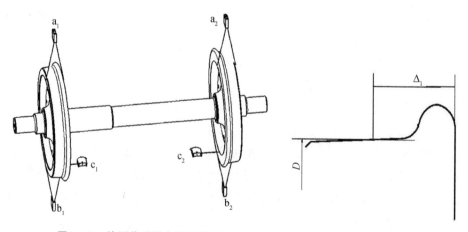

图 7.79　检测传感器布置示意图　　　图 7.80　转向架车轮检测位置示意图

7.3.2.1　转向架 2D 快速直径检测装置机械机构

为实现上述目的，转向架 2D 快速直径检测装置机械机构由检测装置 A 及检测装置 B 组成；其中检测装置 A 及检测装置 B 结构相同，对称安装在待检客车转向架检测工位两侧；检测装置 A 由检测支座、线激光传感器 a_1、线激光传感器固定支架、线激光传感器 b_1、线激光传感器支撑装置、点激光位移传感器 c_1、点激光位移传感器支座组成，其中检测支座安装在地面之上，负责为检测支座提供支撑；线激光传感器固定支架安装于检测支座上，负责限制线激光传感器 a_1 检测位置；线激光传感器 a_1 安装在线激光传感器固定支架上，其所发出的激光线与轮对轴线处于同一平面且垂直于地面，负责车轮上方踏面扫描；线激光传感器支撑装置安装于地基之上，负责为线激光传感器支撑装置进行位置限定；线激光传感器 b_1 安装于线激光传感器支撑装置上，其所发出的激光线与轮对轴线处于同一平面且垂直于地面，负责车轮下方踏面扫描。点激光位移传感器支座安装于地基之上，负责限制点激光位移传感器 c_1 检测位置；点激光位移传感器 c_1 安装于点激光位移传感器支座上，负责测量车轮内侧面，作为测量直径的基准点。

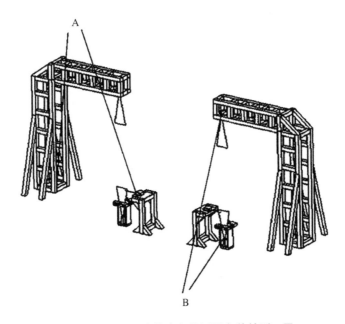

图 7.81　转向架车轮直径检测设备等轴测 a 图

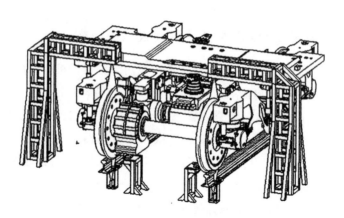

图 7.82　转向架车轮直径检测设备等轴测 b 图

检测装置 A 如图 7.83 所示。由Ⅰ－检测支座、Ⅱ－线激光传感器 a1、
Ⅲ－线激光传感器固定支架、Ⅳ－线激光传感器 b1、Ⅴ－线激光传感器支撑
装置、Ⅵ－点激光位移传感器 c1、Ⅶ－点激光位移传感器支座 7 部分组成；其
中Ⅰ－检测支座Ⅰ安装在地面之上，负责为Ⅰ－检测支座提供支撑；Ⅲ－线激
光传感器固定支架安装于Ⅰ－检测支座上，负责限制Ⅱ－线激光传感器 a1 检
测位置；Ⅱ－线激光传感器 a1 安装在Ⅲ－线激光传感器固定支架上，负责车
轮上方踏面扫描。Ⅴ－线激光传感器支撑装置安装于地基之上，负责为Ⅴ－线
激光传感器支撑装置进行位置限定；Ⅳ－线激光传感器 b1 安装与Ⅴ－线激光
传感器支撑装置上，负责车轮下方踏面扫描。Ⅶ－点激光位移传感器支座安装
于地基之上，负责限制Ⅵ－点激光位移传感器 c1 检测位置；Ⅵ－点激光位移
传感器 c1 安装于Ⅵ－点激光位移传感器支座上，负责测量转向架的车轮内侧
面测量点。

如图 7.84 所示的检测装置 B 与检测装置 A 为对称结构，检测装置 A 和
检测装置 B 安装在待检客车转向架检测工位两侧。

如图 7.85 所示的Ⅴ－线激光传感器支撑装置由左支撑板 1、右支撑板 2
及支撑底座 3 组成。地基上方安装支撑底座 3，负责提供支撑。支撑底座 3 上
方安装左支撑板 1 及右支撑板 2，负责为左支撑板 1 及右支撑板 2 提供支撑。
左支撑板 1 及右支撑板 2 对称安装于铁轨两侧，负责完成对Ⅴ－线激光传感器
支撑装置上方限位。

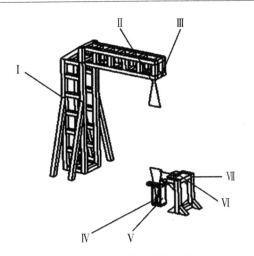

图 7.83　检测装置 A 等轴测图　　　图 7.84　检测装置 B 等轴测图

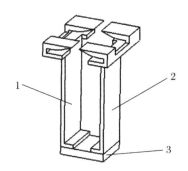

图 7.85　线激光传感器支撑装置等轴测图

　　检测装置 B 与检测装置 A 为对称结构，检测装置 A 和检测装置 B 安装在待检转向架检测工位两侧。

　　线激光传感器支撑装置由左支撑板、右支撑板及支撑底座组成；地基上方安装支撑底座负责提供支撑，支撑底座上方安装左支撑板及右支撑板，负责为左支撑板及右支撑板提供支撑；左支撑板及右支撑板对称安装于铁轨两侧，负责完成对线激光传感器支撑装置上方限位。

　　4 只线激光传感器及 2 只点激光位移传感器通过采集测量数据后反馈至主机系统，经过运算，从而得出复检的铁道客车转向架车轮直径，其中检测装置 A 负责铁道客车转向架左前及左后车轮的测量，检测装置 B 负责铁道客车转向架右前及右后车轮的测量。

7.3.2.2 检测流程

具体检测过程如下。

（1）待检测铁道客车转向架输送至检测工位。

（2）铁道客车转向架向前方运动，通过对称安装在检测工位两侧的铁道客车转向架车轮直径快速复检在线检测系统。

（3）线激光传感器 a_1、线激光传感器 a_2、线激光传感器 b_1、线激光传感器 b_2 在系统开启后，持续获取车轮踏面数据。

（4）在（3）过程中，返回距离线传感器最近值，即为测量所需踏面数据值。

（5）在（3）过程中，点激光位移传感器持续获取测量车轮内侧面返回数据。

（6）当（4）过程获取所需踏面时，取对应（5）返回数据值。

（7）通过（6）过程所获取的数据值，与（4）过程所获取的车轮踏面数据值，进行运算，从而输出 $\Delta 1$ 位置，即直径的测量位置的数值。

（8）通过标定，对（7）所获取的值进行运算，得出车轮直径值。

（9）铁道客车转向架采用（3）、（4）、（5）、（6）、（7）、（8）的过程，对铁道客车转向架车轮直径进行数据计算，即通过（7）获取的直径的测量位置的数值，与标定数据进行相对测量运算，得出实测车轮直径。

（10）铁道客车转向架通过检测工位时，完成对铁道客车转向架车轮直径快速复检。

本 2D 检测装置不需要对被测量的铁道客车转向架做定位装置，只需转向架通过检测装置，即可完成对转向架前后 2 条轮对直径的测量，达到复检直径的目的；其采用线激光传感器及点激光位移传感器进行多传感器的融合检测，从而达到针对铁道客车转向架可视范围有限的尺寸测量；测量系统中采用 4 只线激光传感器，即线激光传感器 a_1、线激光传感器 a_2、线激光传感器 b_1、线激光传感器 b_2 及 2 只点激光位移传感器，即点激光位移传感器 c_1，点激光位移传感器 c_2，通过数据计算，从而快速复检铁道客车转向架车轮直径，满足企业对组装后的转向架直径复检的目的。

简而言之，检测有 2 个过程。

（1）标定过程：由于本设计铁道客车转向架车轮直径的测试实际上是一种快速复检的过程，故标定值已经提前进入系统中，参与运算。

（2）在系统开启后，铁道客车转向架向前方运动，通过对称安装在检测工位两侧的转向架车轮直径快速复检在线检测系统。点激光位移传感器测量车轮内侧面，作为测量直径的基准点，通过点激光位移传感器返回的测量值，确定线激光传感器对铁道客车转向架直径测量位置 Δ_1，左上方线激光传感器 a_1、右上方线激光传感器 a_2、左下方线激光传感器 b_1、右下方线激光传感器 b_2 扫描待检测铁道客车转向架踏面 Δ_1 处；通过与标定数据进行相对测量运算快速复检车轮直径值。

7.3.2.3　测量原理

按图 7.79 所示的方式进行传感器布置，按图 7.80 所示的方式采集车轮的直径数据，并将测量数据与校准数据进行差值来计算轴的直径，以下计算原理及直径测量公式说明均以左车轮测量为例。

测量位置计算原理

由于铁道客车转向架的型号不同，即车轮直径测量位置不同。根据被检铁道客车转向架可知车轮直径测量位置，本发明采用点激光位移传感器实现对测量直径位置 Δ_1 进行定位。

直径测量公式如下：

$$D_{out} = D_1 + ((A_{1C} + B_{1C}) - (A_1 + B_1)) \qquad (7-1)$$

式中：D_{out}：被测车轮直径，D_1：校准车轮直径，A_1、B_1：图所示位置线激光传感器 a_1 及激光传感器 b_1 测量校准车轮获取值，A_{1C}、B_{1C}：图所示位置线激光传感器 a_1 及激光传感器 b_1 复检铁道客车转向架车轮的测量数据。

上述一种铁道客车转向架车轮直径快速复检方法，采用实际测量数据阐述测量直径的方法。

表 7.8　转向架车轮测量方法

序号	校准数据	线激光传感器 a_1 的测量 Δ_1 处数据	线激光传感器 b_1 的测量 Δ_1 处数据	实际测得车轮直径值
校准值	（920.00）	241.05	241.02	920.00（校准值）
左前车轮		240.96	241.01	920.10 = 920.00 － ［（240.96 + 241.01）－（241.05 + 241.02）］

序号	校准数据	线激光传感器 a₁ 的测量 Δ₁ 处数据	线激光传感器 b₁ 的测量 Δ₁ 处数据	实际测得 车轮直径值
右前车轮		241.02	240.81	$920.24 = 920.00 - [(241.02 + 240.81) - (241.05 + 241.02)]$
左后车轮		241.18	240.63	$920.26 = 920.00 - [(241.18 + 240.63) - (241.05 + 241.02)]$
右后车轮		241.07	240.45	$920.55 = 920.00 - [(241.07 + 240.45) - (241.05 + 241.02)]$

7.3.3　转向架 3D 检测装置

7.3.3.1　转向架 3D 检测装置机构设计

根据要求，为实现不同类型的铁道客车转向架轴距尺寸的测量要求，本研究设计龙门框架上架设龙门运动子系统，用于调整扫描子系统的跨距，以满足轴距范围（2 200～2 800）mm 的检测范围。龙门框架架设在系统底板上，高度经调整后采用螺栓固定，保证龙门框架支撑的稳定性；龙门运动子系统架设在龙门框架上，设有精密导轨滑块及光栅尺，保证龙门运动子系统的运动精度及重复性；系统主体为龙门结构设计，被测铁道客车转向架放置在中间，通过地面轨道向前运动到达系统检测位置，安装龙门运动子系统横梁上的高精度运动子系统，可以根据不同铁道客车转向架轮径进行升降，调整描测量子系统的高度及视场范围；扫描测量子系统由 4 组双目线结构光测量单元（前左双目线结构光测量单元、前右双目线结构光测量单元、后左双目线结构光测量单元、后右双目线结构光测量单元）、伺服驱动平台、光栅尺等组成，用于对被测铁道客车转向架的 2 条轮对上的 4 个车轮进行扫描，用于获取铁道客车转向架轮对的三维数据信息，以便测量铁道客车转向架相关检测参数。整体结构如图 7.86 所示。

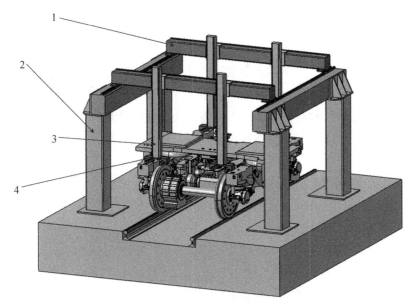

1—龙门动动子系统；2—龙门框架；3—高精度动动子系统；4—扫描测量子系统

图 7.86　转向架 3D 检测装置整体结构

7.3.3.2　测量原理

转向架 3D 检测装置的基本测量原理如下。

（1）通过扫描测量子系统上的线结构光传感器在伺服驱动平台的带动下获取铁道客车转向架轮对的三维数据信息，扫描测量子系统下的每组双目线结构光传感器分别对所获取的三维数据信息进行点云配准，从而实现每组双目线结构光传感器获取的是踏面曲线完整的铁道客车转向架轮对部分空间点云信息。

（2）利用铁道客车转向架轮对内侧面为平面的特性，对所获取的铁道客车转向架轮对部分空间点云信息中轮对内侧面点云数据进行平面拟合，用于测量基准找正及测量位置推算。

（3）通过三维重构技术，利用铁道客车转向架轮对部分空间点云信息对铁道客车转向架轮对进行三维重构，从而形成完整的车轮信息。

（4）通过重构后的铁道客车转向架单个轮对进行中心线求解，并分别将 4 组双目线结构光测量单元中的前左双目线结构光测量单元、前右双目线结构光测量单元及后左双目线结构光测量单元、后右双目线结构光测量单元所获取的直线进行空间直线拟合，从而实现对铁道客车转向架相关参数的测量工作。

7.3.3.3 转向架轮对三维重构方法

为了能够实现铁道客车转向架轴距尺寸与平行度的测量，需要对铁道客车转向架轴距尺寸与平行度检测系统中获取的空间点云数据进行处理。由于无法获取铁道客车转向架轮对的全部点云数据，为实现测量目的，需要进行以下操作：首先，需要对可视范围内获取的空间点云数据进行预处理，减少噪声等因素对结果的影响；然后，对获取的铁道客车转向架轮对的 4 组车轮点云数据进行配准；最后，利用配准后的点云数据实现对铁道客车转向架轮对 4 个车轮空间点云的重构，以此获取完成的铁道客车转向架轮对点云，以用于测量铁道客车转向架轴距尺寸与平行度。

（1）点云滤波

在线结构光传感器对铁道客车转向架轮对扫描获取点云的过程中，会产生一些后期不需要的点云数据，即噪声。而针对铁道客车转向架轮对表面产生的噪声主要由铁道客车转向架轮对本身金属材质反光引起的噪声，铁道客车转向架轮对扫描系统自身的噪声，以及现场环境等引起的偶然噪声。其中，铁道客车转向架轮对表面以及铁道客车转向架轮对扫描系统本身所产生的噪声误差是无法避免的。通过线结构光传感器获取点云数据时，不同的点云会有不同的排序，因此，针对点云数据的滤波方法也随之不同，主要存在着以下两类：有序点云滤波和散乱点云滤波。

①有序点云滤波

在点云数据模型中，存在着一种排列有序点云数据，针对这种数据降噪滤波常用的方法是均值滤波、中值滤波和高斯滤波等。

a. 均值滤波

均值滤波采用的方式是：在将待滤波的模型中确定一个范围，对范围内的数据点进行均值操作，并用均值代替范围内的数据点，直至模型中数据点均采用这种方法处理完毕。

设点云数据中任意数据点为 P_0，则其邻域表示为

$$P_{ij} = (x_{ij}, \ y_{ij}, \ z_{ij}) \tag{7-2}$$

进行均值滤波后，则

$$P_0 = \sum_{i=-n}^{n} \sum_{j=-m}^{m} h_{ij} p_{ij} \tag{7-3}$$

b. 中值滤波

中值滤波采用的方式是：在待滤波的点云中选定一个可以滑动的窗口，将窗口内的数据点个数置为奇数，把范围内的数据点 Z 坐标值当作二维图像中的灰度值来进行求中值处理，则三维点云中值滤波公式可以定义为

$$Z_{ij} \in \begin{cases} N, & (|z_{ij} - med(z_k)| > T) \\ S, & (others) \end{cases}$$

式中，Z_{ij} 是点云 Z 坐标值，$med(z_k)$ 为窗口内的 Z 坐标值的中值，T 为阈值。

c. 高斯滤波

高斯滤波采用的方式是在点云中取一点及其邻域所有数据点，并设置高斯函数，通过被找到的数据点与高斯函数卷积运算，遍历整个模型，从而实现高斯滤波。

设维点云数据中的一点 P_0，其邻域为

$$p_{ij} = (x_{ij}, y_{ij}, z_{ij}) | -n \leqslant i \leqslant n, -m \leqslant j \leqslant m | \qquad (7-4)$$

高斯滤波后，则 P_0 的 Z_0 坐标为

$$z_0 = \frac{1}{c} \sum_{i=-n}^{n} \sum_{j=-m}^{m} z_{-i-j} g_{ij} \Delta x \Delta y \qquad (7-5)$$

式中，$g_{ij} = \frac{1}{2\pi\sigma^2} e^{-(i^2\Delta x^2 + j^2\Delta y^2)/2\sigma^2}$ 为高斯函数，$c = \sum_{i=-n}^{n} \sum_{j=-m}^{m} g_{ij} \Delta x \Delta y$ 为系数。

②散乱点云滤波

对于散乱点云降噪，由于对点云转换为网络模型滤波方法实现较难，所以往往采用直接滤波法，其中主要的方法有拉普拉斯滤波法、双边滤波法等。

a. 拉普拉斯滤波

在针对散乱点云滤波时，拉普拉斯滤波法是常用的方法，其中拉普拉斯算子表示如下：

$$\Delta^2 = \frac{\partial^2}{\partial x^2} + \frac{\partial^2}{\partial y^2} + \frac{\partial^2}{\partial z^2} \qquad (7-6)$$

在三维点云模型中，可以将拉普拉斯滤波的过程当作点云中出现频率较高的点云信息实现扩散的过程：

$$\frac{\partial p_i}{\partial t} = \lambda L(p_i) \qquad (7-7)$$

将式（7—7）的扩散过程用欧拉积分表示，则为

$$p_i^{n+1} = (1 + \lambda\, \mathrm{d}t \cdot L) p_i^n \qquad (7-8)$$

逐步调整所有点云向其邻域重心靠近得

$$L(p_i) = p_i + \lambda\, \frac{\sum\limits_{j=1}^{k} \omega_j q_j}{\sum\limits_{j=1}^{k} \omega_j - p_j} \qquad (7-9)$$

其中，q_j 表示点 p_i 的 k 领域，λ 为一个较小的正数。

拉普拉斯滤波方法的主要原理是：通过对点云数据的多次迭代，实现当前点向邻域的几何重心处的转移，当点云数据分布存在不均布情况下，其邻域会把一些非噪声数据向密集地方漂移。处理这种漂移后，会使得滤波后的点云模型产生严重变形。

b. 双边滤波

双边滤波法是基于非线性函数的滤波方法，其滤波降噪公式定义为

$$q_i = q_i + \alpha n_i \qquad (7-10)$$

式中，q_i 是滤波数据点，α 是加权因子，n_i 是 q_i 的法向量。

双边滤波法的主要原理是：将采样点 q_i 沿着法向向量方向移动，能够将偏离于模型的数据点重新还原至模型的表面，从而实现了点云的滤波。这种方法虽然保护了边缘的特征，但对于梯度变化明显的区域，效果不好；同时，对噪声较多的数据模型，会使一些数据点被平滑掉。

③基于 BP 神经网络的滤波方法

通过线结构光传感器获取的点云数据，在处理时，铁道客车转向架轮对扫描系统本身所产生的误差主要来源于电控位移台运动方向，即 Y 方向；X 方向及 Z 方向用于确定传感器所获取的铁道客车转向架轮对踏面数据。因此，采用 X、Z 坐标作为输入，Y 坐标作为输出的 BP 神经网络模型。如图 7.87 所示。

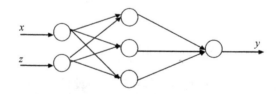

图 7.87　BP 去噪模型结构

根据铁道客车转向架轮对点云的特点，选取以下函数作为 BP 网络训练的基本函数。

初始化网络结构	newcf（P，T，[12，9]）
设置迭代次数	net. trainParam. epochs＝500
学习率	net. trainParam. lr＝0.05
训练目标	net. trainParam. goal＝1 * exp（－3）
训练 BP 网络	net＝train（net，P，T）

采用上述方法对铁道客车转向架轮对点云进行滤波处理，铁道客车转向架轮对未滤波点云，如图 7.88 所示；铁道客车转向架轮对点云滤波后，如图 7.89 所示。

列车转向架轮对未滤波点云

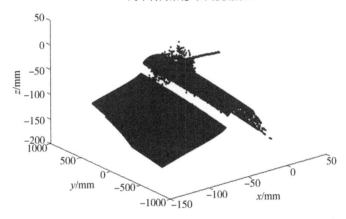

图 7.88　转向架轮对点云滤波前

列车转向架轮对点云滤波后

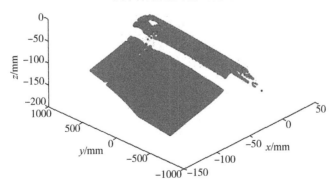

图 7.89　转向架轮对点云滤波后

（2）坐标转换

在利用线结构光传感器针对铁道客车转向架轮对采集时，无法将线结构光传感器完全校准，使其采集数据的铁道客车转向架轮对内侧面完全与真实转向架铁道客车坐标所匹配，因此需要将采集后点云的坐标进行转换。

考虑计算空间问题的复杂性，且根据铁道客车转向架轮对的实际情况，即轮对踏面曲线的一致性，因此在垂直于轴线位置任取一截面，并提取该截面处的铁道客车转向架轮对的点云数据，如图 7.90 所示。将其按如下方法进行坐标转换，如图 7.91 所示。

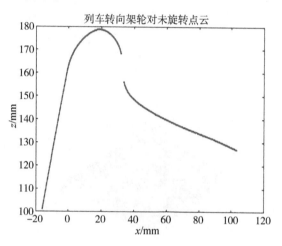

图 7.90　点云数据未旋转（任取截面）

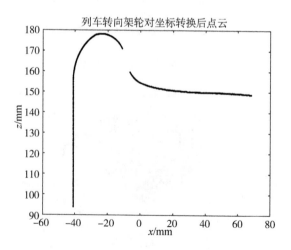

图 7.91　点云数据旋转后（任取截面）

线结构传感器在铁道客车转向架轮对采集数据时存在误差，因此建立数学模型如式（7—11）所示：

$$x_i^{\text{new}} = \Delta x + m x_i^{\text{old}} \cos\alpha - m y_i^{\text{old}} \sin\alpha$$

$$y_i^{\text{new}} = \Delta y + m y_i^{\text{old}} \sin\alpha - m x_i^{\text{old}} \cos\alpha \qquad (7-11)$$

式中：$(x_i^{\text{new}},\ y_i^{\text{new}})$ 为新平面坐标，$(x_i^{\text{old}},\ y_i^{\text{old}})$ 为旧平面坐标，Δx，Δy 为平移参数，m 为尺度因子，α 为旋转角。

将式（7—11）写成矩阵形式，如式（7—12）所示：

$$
\begin{aligned}
\begin{bmatrix} x_i^{\text{new}} \\ y_i^{\text{new}} \end{bmatrix}
&= \begin{bmatrix} \Delta x + m x_i^{\text{old}} \cos\alpha - m y_i^{\text{old}} \sin\alpha \\ \Delta y + m y_i^{\text{old}} \sin\alpha - m x_i^{\text{old}} \cos\alpha \end{bmatrix} \\
&= \begin{bmatrix} \Delta x \\ \Delta y \end{bmatrix} + \begin{bmatrix} a x_i^{\text{old}} - b y_i^{\text{old}} \\ b y_i^{\text{old}} - a x_i^{\text{old}} \end{bmatrix} \\
&= \begin{bmatrix} 1 & 0 & x_i^{\text{old}} & -y_i^{\text{old}} \\ 0 & 1 & y_i^{\text{old}} & x_i^{\text{old}} \end{bmatrix} \begin{bmatrix} \Delta x \\ \Delta y \\ a \\ b \end{bmatrix}
\end{aligned} \qquad (7-12)
$$

式中：$a = m\cos\alpha$，$b = m\sin\alpha$。

根据 EIV 准则，式（7—13）的误差方程为

$$V = BX - L \qquad (7-13)$$

其中，$B = \begin{bmatrix} 1 & 0 & x_i^{\text{old}} & -y_i^{\text{old}} \\ 0 & 1 & y_i^{\text{old}} & x_i^{\text{old}} \end{bmatrix}$，$X = \begin{bmatrix} \Delta x & \Delta y & a & b \end{bmatrix}^{\text{T}}$。

而当考虑到采集误差的时候需要将原始坐标 $(x_i^{\text{old}},\ y_i^{\text{old}})$ 的误差考虑进去，因此，建立 EIV 数学模型为

$$V = (B - E_B)X - L \qquad (7-14)$$

式中：E_B 为系数矩阵 B 的误差。

$$V^{\text{T}} V + (\text{vec} E_B)^{\text{T}} (\text{vec} E_B) = \min \qquad (7-15)$$

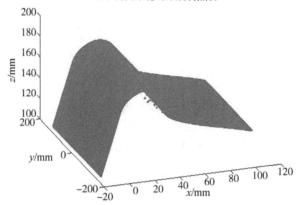

图 7.92 转向架轮对未旋转点云

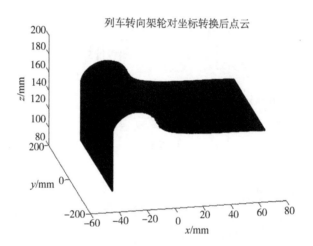

图 7.93 转向架轮对坐标转换后点云

在针对 TLS 问题求解时，采用奇异值分解法进行求解，构造其增广矩阵 $[B，L]$，则未知数 X 的 TLS 估计值按式（7—16）计算。

$$\hat{X} = \frac{-1}{f_{m+1,\,m+1}}[f_{1,\,m+1},\ f_{2,\,m+1},\ \cdots,\ f_{m,\,m+1}] \qquad (7-16)$$

式中：m 为未知数个数。

由于平移参数系数矩阵皆为常熟，不需要修正，仅需对后两列修正即可。因此将 B 与 X 分解为

$$B = [B_1，B_2]$$

$$\mathbf{X} = [\mathbf{X}_1^T, \ \mathbf{X}_2^T]^T \quad\quad (7-17)$$

则 TLS 的解能够满足等式

$$\hat{\mathbf{L}} = \hat{\mathbf{B}}\mathbf{X} = \hat{\mathbf{B}}_1 X_1 + \hat{\mathbf{B}}_2 X_2 \quad\quad (7-18)$$

对式（7—18）求解，采用 QR 分解法，即

$$\mathbf{Q}^T[\mathbf{B}, \ \mathbf{L}] = \mathbf{Q}^T[\mathbf{B}_1, \ \mathbf{B}_2, \ \mathbf{L}] = \begin{bmatrix} R_{11} & R_{12} & R_{1L} \\ 0 & R_{22} & R_{2L} \end{bmatrix} \quad (7-19)$$

由式（7—19）可建立方程

$$R_{11}X_1 + R_{12}X_2 - R_{1L} = 0 \quad\quad (7-20)$$

$$R_{22}X_2 - R_{2L} = 0 \quad\quad (7-21)$$

通过求解式（7—20）、式（7—21）即可求出 $\mathbf{X}$，从而得出平移参数 Δx，Δy 及旋转角 α。

（3）点云频域配准

点云的频域变换实质就是对点云进行傅立叶变化，而逆变换是将傅立叶变化后的点云进行处理，将点云从频域变换回空间域，在空间域中，点云的参数表示点云的坐标和它的强度，而在频域中表示点云在某一点的能量值，所以傅里叶变换的意义是将坐标分布函数变换为能量分布函数，傅里叶逆变换则是将能量分布函数变换为坐标分布函数。在频域中进行点云或图像的处理，会提高处理过程中的抗噪效果，同时也会提高过程的鲁棒性，还可以极大的节省计算时间。傅里叶变换不受操作环境的影响，可以在计算机平台上快速实现，因而它的应用性很广。

①方法描述

在本系统中，可以将测量系统中，双目线结构光传感器可以将其中一个坐标轴保持不变，即系统中的双目线结构光传感器之间只有存在一个水平转角 θ 和平移向量 $(\Delta x, \Delta y, \Delta z)$。

针对双目线结构光传感器获取的点云数据，在频域中配准的方法主要步骤如下。

a. 获取带配准点云，并将点云网格化。

b. 分别对两组网格化后的点云进行 FFT 变化，为了消除平移因素对其影响，需将 0 频率分量平移至坐标中心。

c. 对变换后点云进行滤波处理，降低低频处的高功率对结果的影响。

d. 对滤波后的点云数据进行对数—极坐标转换。

e. 对返回的矩阵进行傅立叶变换。

f. 利用傅立叶变换互功率谱特性，进行傅立叶逆变换，求出旋转角度。

g. 重复 d、e、f 步，计算出点云平移量。

h. 对两个点云进行配准。

②点云网格化

为了能够对点云数据进行快速傅立叶变换，需要将点云数据进行网格化。为了能够实现点云网格化的目的，需要确定每个点云数据的边框，用 P_{BB1} 表示点云 $P_{\text{point cloud 1}}$ 和 $P_{\text{bounding box 1}}$ 之间的关系，用 P_{BB2} 表示点云 $P_{\text{point cloud 2}}$ 和 $P_{\text{bounding box 2}}$ 之间的关系，其中 $P_{\text{point cloud 1}}$、$P_{\text{point cloud 2}}$ 为点云数据，$P_{\text{bounding box 1}}$、$P_{\text{bounding box 2}}$ 为包围点云的边框。在对点云傅立叶变换中，需要将空间点云放置在同等大小的数据空间中，因此，需要建立尽可能大的空间。

在确定点云数据的边框 $P_{\text{bounding box 1}}$、$P_{\text{bounding box 2}}$ 后，利用每一个维度的最大分辨率确定网格点，为了能够保证维度的相等，采用立方体网格，并选取维度中最大的分辨率作为边界。

网格建立后，需要将点云数据分配到格网上，在这里利用内插法对点云进行网格划分，将散乱的点云数据变为 $M \times N \times P$ 大小的规则格网数据。

③三维傅立叶变换公式

三维傅立叶变换公式为

$$F(u, v, w) = \frac{1}{MNP} \sum_{x=0}^{M-1} \sum_{y=0}^{N-1} \sum_{z=0}^{P-1} f(x, y, z) \mathrm{e}^{\left[-j2\pi\left(\frac{ux}{M}+\frac{vy}{N}+\frac{wz}{P}\right)\right]}$$

$$(7-22)$$

式中，记频域中的点云函数为 $F(u, v, w)$，记空间域点云函数为 $f(x, y, z)$，记点云的大小为 $M \times N \times P$。

通常，对 $F(u, v, w)$ 的反变换，利用傅立叶反变换得到 $f(x, y, z)$：

$$f(x, y, z) = \frac{1}{MNP} \sum_{x=0}^{M-1} \sum_{y=0}^{N-1} \sum_{z=0}^{P-1} F(u, v, w) \mathrm{e}^{\left[-j2\pi\left(\frac{ux}{M}+\frac{vy}{N}+\frac{wz}{P}\right)\right]}$$

$$(7-23)$$

利用极坐标形式表示为

$$F(u, v, w) = |F(u, v, w)| \mathrm{e}^{j\Phi(u, v, w)} \qquad (7-24)$$

其中，幅度也就是傅立叶频谱表示为

$$|F(u, v, w)| = [R^2(u, v, w) + F^2(u, v, w)]^{1/2} \qquad (7-25)$$

相位角：

$$\Phi(u, v, w) = \arctan\left[\frac{l(u, v, w)}{R(u, v, w)}\right] \qquad (7-26)$$

最后，功率谱定义为

$$P(u, v, w) = |F(u, v, w)|^2 = R^2(u, v, w) + I^2(u, v, w)$$

$$(7-27)$$

④对数—极坐标转换

为了能够实现点云数据的配准，需要将点云数据先从笛卡尔坐标系转换到极坐标系中，然后再通过对变换后的数据取对数变换，转换至对数极坐标系中，这种思想被称之为对数极坐标变换的思想。其变换过程如图 7.94 所示。

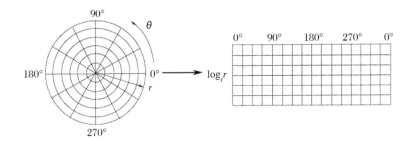

图 7.94 对数极坐标变换示意图

在极坐标系上的点 $P(r, \theta)$ 取 $\log_t r$ 作为纵坐标，取 θ 为横坐标，可将 $P(r, \theta)$ 转化为在对数极坐标系上的点 $P_1(\log_t r, \theta)$，因此，可构建出笛卡尔坐标系上的点与对数极坐标系上的点关系为

$$\begin{cases} \log_t r = \dfrac{1}{2} \log_t (x^2 + y^2) \\ \theta = \tan^{-1}(y/x) \end{cases} \qquad (7-28)$$

以二维图像为例，设两幅图像 $f_1(x, y)$ 和 $f_2(x, y)$ 是存在着平移、旋转、缩放的两幅图像，其关系为

$$f_2(x, y) = f_1[s(x\cos\theta_0 + y\sin\theta_0) + x_0, s(-x\sin\theta_0 + y\cos\theta_0) + y_0]$$

$$(7-29)$$

式中，s 为缩放系数，θ_0 为旋转角度，(x_0, y_0) 为平移向量。

将式（7-29）傅里叶变换后，得：

$$\hat{I}_2(r, \theta) = e^{-j(r\cos\theta x_0 + r\sin\theta y_0)} s^{-2} \hat{I}_1(s^{-1}r, \theta + \theta_0) \qquad (7-30)$$

令 M_1 和 M_2 分别为 $\hat{I}_1$ 和 $\hat{I}_2$ 的模，则：

$$M_2(r, \theta) = s^{-2} M_1(s^{-1}r, \theta + \theta_0) \qquad (7-31)$$

$$M_2(\log r, \theta) = s^{-2} M_1(\log r - \log s, \theta + \theta_0) \qquad (7-32)$$

从式（7—31）与式（7—32）可以分析出，在对 $\hat{I}_1$ 和 $\hat{I}_2$ 分别取模的 M_1 和 M_2 中，只存在缩放系数及旋转角度，令 $\xi = \log r$，$d = \log s$，由式（3—32）可得：

$$M_2(\xi,\ \theta) = s^{-2}M_1(\xi - d,\ \theta + \theta_0) \tag{7-33}$$

在此基础上利用相位相关技术很容易求得缩放系数 s 和旋转角度 θ_0。

⑤傅里叶变换位移理论

设空间中存在两组点云 $f_1\ (x,\ y,\ z)$ 和 $f_2\ (x,\ y,\ z)$，其中，$f_2\ (x,\ y,\ z)$ 是 $f_1\ (x,\ y,\ z)$ 在 $x,\ y,\ z$ 分别平移 $x_0,\ y_0,\ z_0$ 后得到的点云，其对应关系如下：

$$f_2(x,\ y,\ z) = f_1(x - x_0,\ y - y_0,\ z - z_0) \tag{7-34}$$

设 $F_1\ (u,\ v,\ w)$ 和 $F_2\ (u,\ v,\ w)$ 分别为 $f_1\ (x,\ y,\ z)$ 和 $f_2\ (x,\ y,\ z)$ 进行傅立叶变换后的形式，则其对应关系为

$$F_2(u,\ v,\ w) = F_1(u,\ v,\ w)e^{-j(mx_0 + vy_0 + wz_0)} \tag{7-35}$$

则 $f_1\ (x,\ y,\ z)$ 和 $f_2\ (x,\ y,\ z)$ 的互功率谱为

$$\frac{F_1(u,\ v,\ w)F_2^*(u,\ v,\ w)}{|F_1(u,\ v,\ w)F_2^*(u,\ v,\ w)|} = e^{j(mx_0 + vy_0 + wz_0)} \tag{7-36}$$

其中，F_2^* 表示 F_2 的复共轭。

⑥旋转角计算

设存在空间点云 $S\ (x,\ y,\ z)$ 和 $R\ (x,\ y,\ z)$，其中 $S\ (x,\ y,\ z)$ 是 $R\ (x,\ y,\ z)$ 经过旋转变换、平移变换后得到的点云，在本系统中的 Y 轴保持恒定或近似恒定，因此，点云间只存在 xOz 平面的旋转，可将点云关系表示为

$$S(x,\ y,\ z) = R[\sigma(x\cos\alpha + z\sin\alpha) - x_0,\ y - y_0,\ \sigma(-x\sin\alpha + z\cos\alpha)] \tag{7-37}$$

则该点云关系，可简化为二维平面的情况，满足式（3—36）所示：

$$|S(x,\ y,\ z)| = \sigma^{-2}|R[\sigma^{-1}(u\cos\alpha + v\sin\alpha),\ y,\ \sigma^{-1}(-u\sin\alpha + v\cos\alpha)]| \tag{7-38}$$

由式（7—38）可以看出，点云的旋转角 α、点云的缩放因子 σ 与点云的平移量（$x_0,\ y_0,\ z_0$）无关，只与频谱幅度有关，因此，通过对幅度谱求解，可以获得点云的旋转角 α 和点云的缩放因子 σ，通过利用对数－极坐标变换代表原始点云中的 XZ 直角坐标，令：

$$r_{p1}(\theta,\ \log\rho) = |R(\rho\cos\theta,\ \rho\sin\theta)| \tag{7-39}$$

$$s_{p1}(\theta,\ \log\rho) = |S(\rho\cos\theta,\ \rho\sin\theta)| \tag{7-40}$$

式中，r_p 和 s_p 分别为 r 和 s 在极坐标系（$\theta,\ \rho$）中的幅度谱，θ 为极坐标系下

的点的极角，ρ 为极坐标系下的点到原点的距离。

由此可得，式（7－40）与式（7－41）之间的关系为：

$$s_{p1}(\theta,\log\rho)=r_{p1}(\theta-\alpha,\log\rho-\log\sigma) \tag{7-41}$$

由此可以得出，式（3－40）符合傅里叶位移理论，因此可以在对数－极坐标系下求出 α，取对数，$\alpha=e^k$，通过对其进行反变换，即可得出点云在空间域中的 (x_0,y_0,z_0)。

（4）基准平面拟合

①整体最小二乘法

设平面方程为

$$x=by+cz+d \tag{7-42}$$

对待测目标进行扫描，其空间方向 x，y，z 均存在误差，则将式（7－42）可以改写为：

$$x+v_z=b(y+v_y)+c(z+v_z)+d \tag{7-43}$$

式中 v_x，v_y，v_z 分别为 x，y，z 这三个方向上的误差。

将式（7－43）写成 EIV 模型，得到

$$(\boldsymbol{A}+\boldsymbol{E}_A)\boldsymbol{X}=\boldsymbol{L}+\boldsymbol{E}_L \tag{7-44}$$

式（7－44）中 $\boldsymbol{E}_A$ 和 $\boldsymbol{E}_L$ 分别表示矩阵 $\boldsymbol{A}$ 和向量 $\boldsymbol{L}$ 的误差，即

$$\boldsymbol{A}=\begin{bmatrix} y_1 & z_1 & 1 \\ y_2 & z_2 & 1 \\ \vdots & \vdots & \vdots \\ y_n & z_n & 1 \end{bmatrix},\ \boldsymbol{E}_A=\begin{bmatrix} v_{y1} & v_{z1} & 1 \\ v_{y2} & v_{z2} & 1 \\ \vdots & \vdots & \vdots \\ v_{yn} & v_{zn} & 1 \end{bmatrix},\ \boldsymbol{X}=\begin{bmatrix} b \\ c \\ d \end{bmatrix},\ \boldsymbol{L}=\begin{bmatrix} x_1 \\ x_2 \\ \vdots \\ x_n \end{bmatrix},\ \boldsymbol{E}_L=\begin{bmatrix} v_{z1} \\ v_{z2} \\ \vdots \\ v_{zn} \end{bmatrix}$$

利用奇异值解法对上式进行解算：

$$[\boldsymbol{A}\quad \boldsymbol{L}]=[\boldsymbol{U}_1\quad \boldsymbol{U}_2]\begin{bmatrix} \boldsymbol{\Sigma} \\ 0 \end{bmatrix}\boldsymbol{V}^{\mathrm{T}} \tag{7-45}$$

$$\boldsymbol{V}_T=\begin{bmatrix} V_{11} & V_{12} \\ V_{21} & V_{22} \end{bmatrix}\quad \boldsymbol{U}_1=[U_{11}\quad U_{12}]\quad \boldsymbol{\Sigma}=\begin{bmatrix} \Sigma_1 & 0 \\ 0 & \Sigma_2 \end{bmatrix} \tag{7-46}$$

由此得到

$$X=-V_{12}V_{22}^{-1} \tag{7-47}$$

②RANSAC 算法

RANSAC 是根据初始解剔除异常数据，并去寻找模型扩大已知的数据集，即利用获取的有效数据重新运算和评估模型的参数。在 RANSAC 算法中，初

值的选取直接影响后续的计算结果，而迭代次数，可以通过理论进行计算。

铁道客车轮对数据模型需要选定 m 个点，w^m 为 m 均为有效点的概率；$1-w^m$ 为 m 个点中至少有 1 个点为无效点的概率，$(1-w^m)^k$ 表示不会选择到 m 个点均为有效点的概率，即 $1-p$。通过对其取对数，得到式（7—47）所示，可得：

$$k = \lg(1-p)/\lg(1-w^m) \qquad (7-48)$$

RANSAC 算法计算过程如下：

通过整体最小二乘法算出的 a，b，c 作为 RANSAC 模型的初值；

根据 a，b，c 的值，计算每点至模型平面的距离 d_i，$d_i = \dfrac{|-x_i + by_i + cz_i + d|}{\sqrt{(-1)^2 + b^2 + c^2}}$；

计算 d_i 的标准偏差 σ，$\sigma = \sqrt{\dfrac{\sum\limits_{i=1}^{n}(d_i - \bar{d})^2}{n-1}}$，式中，$\bar{d} = \dfrac{1}{n}\sum\limits_{i=1}^{n}d_i$；

取 $ly = 2\sigma$，当 $ly \geqslant 2\sigma$ 时，认为是误差数据点，删除；反之，保留。

③Partial EIV 模型建立

根据 Partial EIV 模型的构造思想，构造函数模型为

$$\boldsymbol{Y} = \boldsymbol{A}\,\hat{\boldsymbol{X}} - \boldsymbol{E}_y = (\boldsymbol{\varepsilon}^T \otimes \boldsymbol{I}_n)(h + B\bar{a}) - e_y$$
$$a = \bar{a} - e_a \qquad (7-49)$$

其中 $\hat{X}$ 和 $\bar{a}$ 是待求参数，将式（3—48）进行线性化，其在 $\varepsilon = \varepsilon^0 + \Delta\varepsilon$，$\bar{a} = \bar{a}^0 + \Delta\bar{a}$ 处线性展开为

$$
\begin{aligned}
Y &= [(\varepsilon^{0T} + \Delta\varepsilon) \otimes I_n][h + B(\bar{a}^0 + \Delta\bar{a})] - e_y \\
&= [(\varepsilon^{0T} + \Delta\varepsilon) \otimes I_n][h + B\bar{a}^0] + [(\varepsilon^{0T} + \Delta\varepsilon) \otimes I_n][B + \Delta\bar{a}] - e_y \\
&= \varepsilon^{0T} \otimes I_n(h + B\bar{a}^0) + \Delta\varepsilon \otimes I_n(h + B\bar{a}^0) \\
&\quad + \varepsilon^{0T} \otimes I_n(B + \Delta\bar{a}) + \Delta\varepsilon \otimes I_n(B + \Delta\bar{a}) - e_y \\
a &= \bar{a}^0 + \Delta\bar{a} - e_a
\end{aligned}
$$

$$(7-50)$$

将式（7—50）表示为矩阵形式，则

$$\boldsymbol{V} = \begin{bmatrix} e_Y \\ e_a \end{bmatrix}, \quad \boldsymbol{A} = \begin{bmatrix} h + B\bar{a}^0 & -(\varepsilon^{0T} \otimes I_{3n})B \\ 0 & -I_{3n} \end{bmatrix},$$

$$\boldsymbol{\beta} = \begin{bmatrix} \Delta\beta \\ \Delta\bar{a} \end{bmatrix} = \begin{bmatrix} \varepsilon^{0T} \otimes I_{3n} \\ \bar{a}^0 - a \end{bmatrix}, \quad \boldsymbol{L} = \begin{bmatrix} \Delta\varepsilon \otimes I_{3n}[h + B(\bar{a}^0 + \Delta\bar{a})] - Y \\ \Delta a \end{bmatrix}$$

上式可简化为

$$V = A\boldsymbol{\beta} - L \qquad (7-51)$$

对式 (7-51) 采用平差准则进行求解, 利用迭代算法, 求出最优解。

(5) 铁道客车转向架轮对三维重构

铁道客车转向架轮对为回转体零件, 可以将其看作是由无数不同直径的圆按一定规则迭代而成, 因此, 针对铁道客车转向架轮对的三维重建问题, 实质就是求解空间圆问题。在此利用了球面方程以及空间平面方程建立模型, 利用最小二乘法进行求解集合参数。

① 空间球拟合

空间球方程: $(x-a)^2 + (y-b)^2 + (z-c)^2 = R^2$, 将方程展开, 得到

$$x^2 + y^2 + z^2 - 2ax - 2by - 2cz + a^2 + b^2 + c^2 = R^2 \qquad (7-52)$$

令 $A = 2a$, $B = 2b$, $C = 2c$, $D = a^2 + b^2 + c^2 - R^2$, 则式 (7-52) 化简为:

$$x^2 + y^2 + z^2 - Ax - By - Cz + D = 0 \qquad (7-53)$$

将式 (7-53) 用矩阵表达, 如式 (7-54)

$$\begin{bmatrix} x_1 & y_1 & z_1 & -1 \\ \vdots & \vdots & \vdots & \vdots \\ x_n & y_n & z_n & -1 \end{bmatrix} \begin{bmatrix} A \\ B \\ C \\ D \end{bmatrix} = \begin{bmatrix} x_1^2 + y_1^2 + z_1^2 \\ \vdots \\ x_n^2 + y_n^2 + z_n^2 \end{bmatrix} \qquad (7-54)$$

根据式 (7-54) 待求参数, 即该式可转化为:

$$\begin{bmatrix} A \\ B \\ C \\ D \end{bmatrix}_{4\times1} = \begin{bmatrix} \sum x_i^2 & \sum x_i y_i & \sum x_i y_i & -\sum x_i \\ \sum x_i y_i & \sum y_i^2 & \sum y_i z_i & -\sum y_i \\ \sum x_i z_i & \sum y_i z_i & \sum z_i^2 & -\sum z_i \\ -\sum x_i & -\sum y_i & -\sum z_i & n \end{bmatrix}_{4\times4}^{-1} \begin{bmatrix} \sum x_i(x_i^2 + y_i^2 + z_i^2) \\ \sum y_i(x_i^2 + y_i^2 + z_i^2) \\ \sum z_i(x_i^2 + y_i^2 + z_i^2) \\ -\sum(x_i^2 + y_i^2 + z_i^2) \end{bmatrix}_{4\times1}$$

$$(7-55)$$

解得待求参数 A、B、C、D, 将其代入 $a = \dfrac{A}{2}$, $b = \dfrac{B}{2}$, $c = \dfrac{C}{2}$, $R = \sqrt{a^2 + b^2 + c^2 - D}$, 即可得到空间球心坐标 (a, b, c) 及空间球半径 R_0。

② 空间截面拟合

$A'x + B'y + C'z + 1 = 0$, 常用于空间平面方程的表达, 将其转变成矩阵形

式，如式（7-56）所示：

$$\begin{bmatrix} x_1 & y_1 & z_1 \\ \vdots & \vdots & \vdots \\ x_n & y_n & z_n \end{bmatrix}_{n \times 3} \begin{bmatrix} A' \\ B' \\ C' \end{bmatrix}_{3 \times 1} = \begin{bmatrix} -1 \\ -1 \\ -1 \end{bmatrix}_{3 \times 1} \quad (7-56)$$

则待求参数可表达为式（7-57）：

$$\begin{bmatrix} A' \\ B' \\ C' \end{bmatrix}_{3 \times 1} = \begin{bmatrix} \sum x_i^2 & \sum x_i y_i & \sum x_i y_i \\ \sum x_i y_i & \sum y_i^2 & \sum y_i z_i \\ \sum x_i z_i & \sum y_i z_i & \sum z_i^2 \end{bmatrix}_{3 \times 3}^{-1} \begin{bmatrix} -\sum x_i \\ -\sum y_i \\ -\sum z_i \end{bmatrix}_{3 \times 1} \quad (7-57)$$

求出系数 A'，B'，C'，即求得针对该数据的空间平面方程。测量数据点如图 7.95 所示；空间拟合平面如图 7.96 所示。

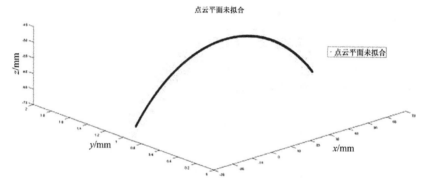

图 7.95　未拟合点云

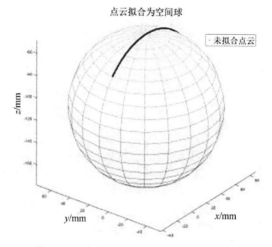

图 7.96　点云拟合为空间球（某一截面）

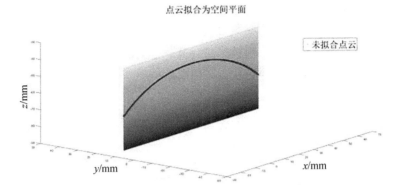

图 7.97 点云拟合空间平面（某一截面）

③空间圆拟合

将该空间球方程（7－55）与空间平面方程（7－57）联立，通过求解，可以得到待求的空间圆的圆心坐标（O_a，O_b，O_c）和空间圆半径 r_0。为了获取最优的空间圆模型，先利用了 RANSAC 算法迭代出符合模型的最佳点集。最终单截面拟合效果如图 7.98 所示。

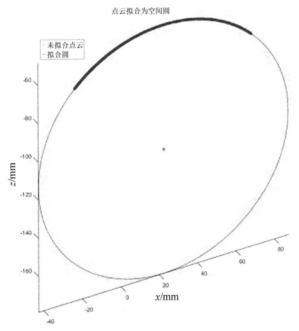

图 7.98 空间圆拟合

④轮对三维重构

重复步骤空间球拟合、空间截面拟合和空间圆拟合，实现对铁道客车转向架轮对的单个车轮整个踏面界面数据的计算，同时获取转向架轮对的单个车轮各截面的圆心坐标，单侧车轮重构后如图 7.99 所示。

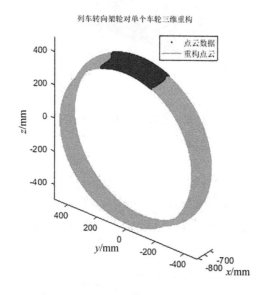

图 7.99　转向架轮对单个车轮重构图

同理，对铁道客车转向架中的其他轮对进行相同步骤的三维重构，最终如图 7.100 所示。其四个对应重构轴线，如图 7.101 所示。

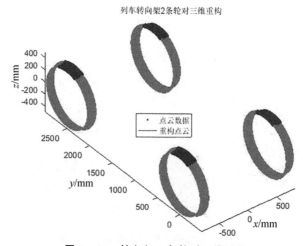

图 7.100　转向架 2 条轮对三维重构

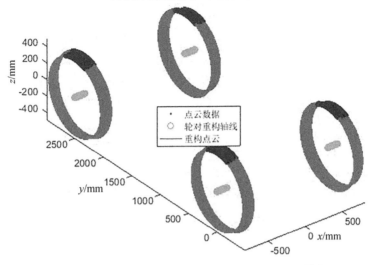

图 7.101　转向架 2 条轮对三维重构——轮对重构轴线

（6）铁道客车转向架轴距及平行度测量

平行度作为几何计量领域里最基本也是最重要的项目之一，铁道客车转向架检测中同样占据不可取代的地位，其参数尺寸直接影响铁道客车转向架轮对寿命等参数，而与其有着同等重要的尺寸也包括轴距尺寸等。因此，在针对轴距尺寸与平行度的测量中，需要对其建立数学模型，找出符合其实际情况的测量标准，用于铁道客车转向架轴距与平行度的测量。

①最小外接圆法

最小外接圆法求解投影点圆度误差判断分两种情况。

a. 两点接触，且该两点为该圆的直径。

b. 三点接触，且三点能够形成锐角三角形。

在满足条件 a、b 情况下，求得最小外接圆，即所有测量点均在圆内。最小外接圆法求解投影点圆度误差的程序框图如图 7.102 所示。

②线对线平行度误差评定

设实际被测测量点为 P_i $(x_i，y_i，z_i)$ $(i=1，2，\cdots，n)$，实际基准测量点为 q_i $(x_i，y_i，z_i)$ $(i=1，2，\cdots，m)$，则线对线平行度误差的评定算法如下。

a. 利用所述算法，可得式中参数。

b. 利用整体最小二乘法获取基准直线方程后，建立坐系 $O'x'y'z'$，使

坐标系 $O'x'y'z'$ 的 z' 轴与所求的基准直线重合，并将测量点投影至新的坐标系中，记为 $P'(x_i, y_i, z_i)$。

c. 对新点 $P'(x_i, y_i, z_i)$，向 $x'O'y'$ 平面上投影，得到投影点 $P'(x_i, y_i, 0)$，在平面内求包容所有投影点的最小圆。

d. 利用 c 中求出的最小包容圆的直径，即为线对线平行度误差。

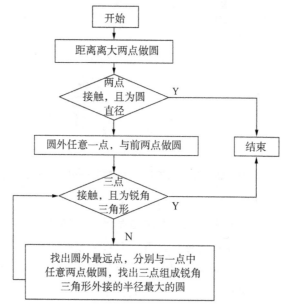

图 7.102 最小外接圆法求解投影点圆度误差框图

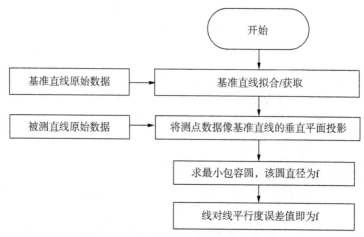

图 7.103 线对线平行度误差评定流程图

（7）轴距数学模型

①轴距计算原理

铁道客车转向架轴距计算采用其前后轮对直径测量位置的均值作为测量轴距，即 $\dfrac{A_1+A_2}{2}$。

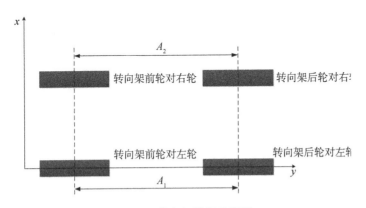

图 7.104　转向架轴距示意图

②轴距检测位置直径计算

轴距检测位置，实质上就是铁道客车转向架轮对的直径测量位置的同侧轮对距离差均值。因此，线结构光传感器在过轴心位置进行数据采集，以前轮为例，获取传感器 L_{up}、L_{down}、R_{up}、R_{down} 得到踏面有效数据点。通过坐标变化、坐标平移等运算将 L_{up}、L_{down} 和 R_{up}、R_{down} 两组传感器的数据点融合到同一坐标系上。对上下的线结构光传感器 L_{up}、L_{down} 和 R_{up}、R_{down} 输出的二维坐标值根据式（7-58）进行坐标变换，即：

$$\begin{cases} u_n^{(1)} = x_n^{(1)}\cos\beta_1 + y_n^{(1)}\sin\beta_1 \\ v_n^{(1)} = y_n^{(1)}\cos\beta_1 - x_n^{(1)}\sin\beta_1 \end{cases} \tag{7-58}$$

$$\begin{cases} u_n^{(2)} = x_n^{(2)}\cos\beta_2 - y_n^{(2)}\sin\beta_2 \\ v_n^{(2)} = y_n^{(2)}\cos\beta_2 + x_n^{(2)}\sin\beta_2 \end{cases} \tag{7-59}$$

$$\begin{cases} u_n^{(3)} = x_n^{(3)}\cos\beta_3 - y_n^{(3)}\sin\beta_3 \\ v_n^{(3)} = y_n^{(3)}\cos\beta_3 + x_n^{(3)}\sin\beta_3 \end{cases} \tag{7-60}$$

$$\begin{cases} u_n^{(4)} = x_n^{(4)}\cos\beta_4 - y_n^{(4)}\sin\beta_4 \\ v_n^{(4)} = y_n^{(4)}\cos\beta_4 + x_n^{(4)}\sin\beta_4 \end{cases} \tag{7-61}$$

式中，$(x_n^{(1)}$，$y_n^{(1)})$、$(x_n^{(2)}$，$y_n^{(2)})$、$(x_n^{(3)}$，$y_n^{(3)})$、$(x_n^{(4)}$，$y_n^{(4)})$ 为传感器输出数据点在传感器自身坐标系内的坐标值，β_1、β_2、β_3、β_4 分别为传感器 L_{up}、L_{down}、R_{up}、R_{down} 与纵向竖直线的夹角，$(u_n^{(1)}$，$v_n^{(1)})$、$(u_n^{(2)}$，$v_n^{(2)})$、$(u_n^{(3)}$，$v_n^{(3)})$、$(u_n^{(4)}$，$v_n^{(4)})$ 为经过坐标变换后在大地坐标系内的坐标值。

经过坐标变换和数据融合后的传感器 L_{up}、L_{down}、R_{up}、R_{down} 的数据点踏面轮廓曲线，如图 7.105 所示。

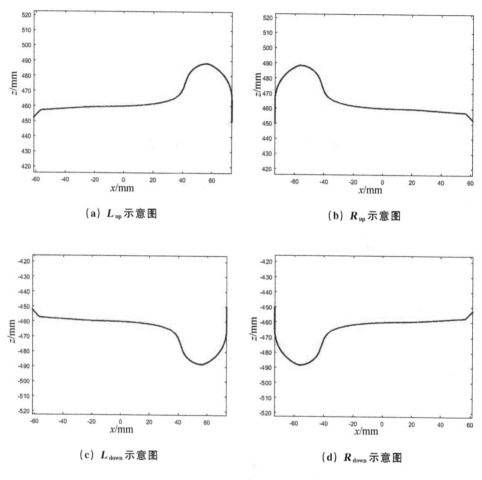

(a) L_{up} 示意图   (b) R_{up} 示意图

(c) L_{down} 示意图   (d) R_{down} 示意图

图 7.105　转向架踏面轮廓曲线

由于铁道客车转向架轮对踏面内侧端面垂直于 x 轴，因此，以满足条件的横坐标值的平均值作为踏面内端面的横坐标，即为端面的横坐标，记传感器 L_{up} 的内端面的直线方程为 x＝$x_{L_{up}}$。距车轮内端面 70 mm 处的踏面上的点为

车轮基点，则 L_{up} 采集到的踏面基点 C^{d1} 横坐标为

$$x_{cd1} = x_{L_{up}} - 70 \tag{7-62}$$

式中，$x_{L_{up}}$ 为 L_{up} 采集到的铁道客车转向架前轮对中左车轮踏面内端面横坐标。

同理，铁道客车转向架其他车轮 L_{down}、R_{up}、R_{down} 的测量基点横坐标分别为

$$x_{cd2} = x_{R_{up}} + 70 \tag{7-63}$$

$$x_{cd3} = x_{R_{down}} - 70 \tag{7-64}$$

$$x_{cd4} = x_{R_{down}} + 70 \tag{7-65}$$

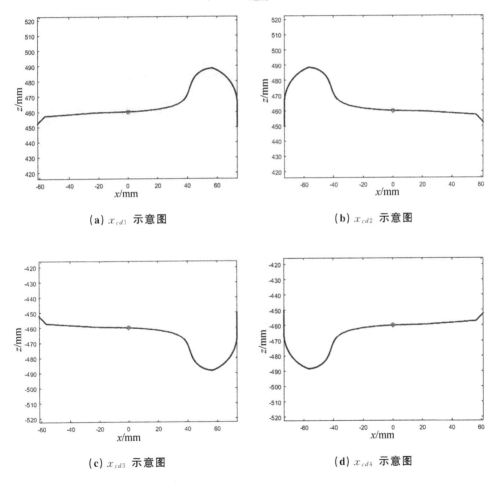

(a) x_{cd1} 示意图　　　　　　　　(b) x_{cd2} 示意图

(c) x_{cd3} 示意图　　　　　　　　(d) x_{cd4} 示意图

图 7.106　转向架轮对踏面基点值

通过上式算出相应的 x_{cd1}、x_{cd2}、x_{cd3}、x_{cd4}，利用相对测量原理，通过

与标准的铁道客车转向架轮对进行数据比较，计算出铁道客车转向架轮对直径值。

同理，可求出铁道客车转向架后轮的直径值。通过对应位置的直径值即可求取该位置圆心所在的空间坐标，通过上述的轴距计算原理，即可就出铁道客车转向架轴距尺寸。

（8）轴距与平行度测量

①轴距测量

根据本研究所述理论，对经权威部分检测后的标准转向架进行检测。在验证轴距尺寸前，需对其铁道客车转向架轮对尺寸进行验证，测量铁道客车转向架 2 条轮对上 4 个车轮直径数据重复测量 8 次，结果如表 7.9 所示。

表 7.9　标准转向架重复测量数据结果

序号	左前车轮直径/mm		右前车轮直径/mm		左后车轮直径/mm		右后车轮直径/mm	
	本研究测量结果	标准值	本研究测量结果	标准值	本研究测量结果	标准值	本研究测量结果	标准值
1	920.232		920.182		920.184		920.248	
2	920.249		920.182		920.189		920.237	
3	920.186		920.181		920.207		920.166	
4	920.177	920.16	920.250	920.18	920.197	920.21	920.253	920.24
5	920.197		920.237		920.165		920.184	
6	920.221		920.190		920.218		920.166	
7	920.233		920.219		920.163		920.207	
8	920.169		920.174		920.223		920.244	

通过对以上数据求解后，利用对应数据，求解铁道客车转向架轴距尺寸，如表 7.10 所示。

表 7.10　标准转向架轴距测量数据结果

序号	本研究测量值	标准值
1	2 500.169	
2	2 500.092	
3	2 500.091	
4	2 500.135	2 500.08
5	2 500.133	
6	2 500.148	
7	2 500.128	
8	2 500.179	

②平行度测量

利用线对线平行度测量数学模型，通过上述理论，求解铁道客车转向架平行度，结果如表 7.11 所示。

表 7.11　标准转向架空间平行度测量数据结果

序号	三坐标检测平行度误差	本研究使用算法平行度误差
1	0.077	0.082
2	0.065	0.071
3	0.075	0.072
4	0.079	0.061
5	0.086	0.077
6	0.079	0.068
7	0.077	0.081
8	0.069	0.074

7.4　划痕测量装置

在铁道客车运行时，连接轮对的车轴承受着车轮与轨道接触时产生的巨大冲击力。因此,对铁道部门来说,车轴的检测是保证出行安全的一项重大检测任务,国家规定铁道客车在运行一定的千米数后,轮对都要进行一次检修,而在检修的拆卸过程中因受轴向力而导致的受力不均会对车轴表面造成划痕,需要对划痕进行测量,经测量后参数超标的车轴,需要修复或直接报废,因此能够准确地测量铁道客车轮对车轴表面划痕已经成了研究轨道铁道客车的核心领域之一。

图 7.107 　轮对拆卸车轴表面划痕实物图　　图 7.108 　轮对拆卸车轴表面划痕实物图

国内如长春轨道客车等主要铁道客车轮对生产检测企业,对轮对检修时拆解过程中车轴产生的表面划痕检测,主要依靠工人的工作经验,直接估算划痕的尺寸信息。然而这种划痕检测方法准确性无法保证,每年因错误的估算车轴表面划痕尺寸信息,导致原本合格的车轴在检修后安全指数超标,直接按照报废处理,造成严重的经济损失。并且划痕检测现场环境温度高、噪声大、粉尘多,使得工人在估算划痕尺寸信息时误判率提高,加重了经济损失。

划痕测量装置可以实现各种铁路客车的轮对退卸后的车轴表面划痕深度和宽度的测量。

7.4.1　划痕测量装置技术要求

划痕测量装置要求对轮对拆卸过程中车轴表面产生的微小划痕进行快速准确的识别,并能得出划痕的宽度和深度信息。其预期的技术指标如下。

第一,划痕宽度 D 检测:测量范围 0.05～5 mm,测量精度＜0.05 mm;

第二,划痕深度 H 检测:测量范围＜1.5 mm,测量精度＜0.05 mm。

7.4.2　划痕测量装置机械结构

划痕测量装置机械结构包括 1—设备定位机构,2—划痕测量装置,3—划痕显示装置,4—手提手,5—铝合金壳体,6—移动把手(如图 7.109 所示)。

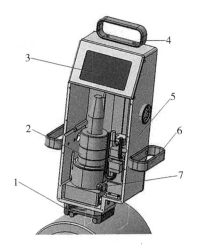

1—划痕检测换向定位机构；2—划痕测量装置；3—划痕显示位置；4—移动提手；
5—壳体；6—稳定把手；7—传感器移动装置

图 7.109　划痕测量装置机械结构

7.4.2.1　划痕检测换向定位机构

划痕检测换向装置包括 1—轴接触稳定器，2—内窥镜，3—旋转掰手，4—旋转齿轮四部分组成，如图 7.110 所示。主要实现功能：在检测车轴划痕的过程中，划痕的方向可能千差万别，各个方向的划痕都存在，掰动旋转掰手可以使划痕检测设备 360°旋转定位，从而实现各个方向划痕的检测。

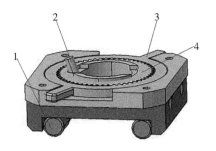

图 7.110　划痕检测换向装置

（1）轴接触稳定器

轴接触稳定器由底座和安装在其上的两根定位轴组成，定位轴的两端装有聚氨酯，有效地增加了其与被测轴的摩擦力，提高了设备在被测车轴划痕处的稳定性，保证设备测量精度。

图 7.111 轴接触稳定器

（2）内窥镜

内窥镜与划痕显示装置配合使用。

（3）旋转掰手

旋转掰手可以顺时针和逆时针旋转，其与 4－旋转齿轮相互啮合，旋转齿轮的内圈为椭圆形，并与底座相配合，当旋转掰手带动旋转齿轮顺时针转动到椭圆的短轴时，划痕测量仪与底座处于放松状态，可进行 360°旋转；此时逆时针旋转旋转掰手，这时旋转齿轮被转动到椭圆的长轴处，底座与划痕处于锁紧状态。

7.4.2.2 划痕测量装置

划痕检测装置包括 1－滑块，2－夹持塑料块，3－传感器，4－平行导轨圆柱通孔四个部分组成。

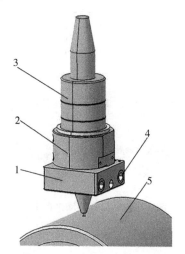

图 7.112 划痕检测装置

（1）夹持塑料块

夹持塑料块用于锁紧传感器，其上有两个锁紧螺钉，当螺钉拧紧时，夹持塑料块锁紧传感器，并带着传感器随滑块运动；当螺钉被松开时，夹持塑料块张开，此时可以取下传感器。

（2）传感器

传感器是划痕测量仪最关键的部分，主要功能是对划痕位置进行扫描，收集数据并将数据返回信息处理系统。传感器是通过光学色散原理建立距离与波长间的对应关系，从而获得位置信息，其打出的光具有良好的层析特性，提高了分辨力，并且对被测物特性和杂散光不敏感，具有很强的信噪比。

7.4.2.3　划痕显示装置

划痕显示系统包括 1—划痕位置显示屏，2—内窥镜头。内窥镜安装在划痕检测换向定位机构中，机构中的旋转齿轮上有一圆槽定位孔，内窥镜通过圆槽定位孔可探测车轴划痕，并将划痕信息实时反馈到划痕位置显示屏上，从而起到对划痕位置的粗定位作用。

图 7.113　显示系统

7.4.2.4　移动提手

移动提手的作用是方便将划痕测量仪移动到被测车轴的划痕处。

7.4.2.5　壳体

划痕测量体仪的壳体采用铝材制作，大幅度减轻的设备的重量。壳体为上述的各个机构装置提供放置空间，并保护内部的传感器，具备防电磁干扰、辐射的功能，起到屏蔽电磁辐射的作用。

7.4.2.6　稳定提手

在测量车轴划痕的过程中，有的划痕不在车轴的正上方，而在车轴的侧面，稳定提手的作用是在测量侧向划痕时，稳定设备，保证划痕测量的精度。

7.4.2.7 传感器移动装置

传感器移动装置由壳体内部的 1—滑块，2—伺服电机，3—基座，4—圆柱轴，偏心轮传动机构装置和复位弹簧组成。滑块移动装置，其内部安装有直线轴承连接双侧平行圆柱轴轨道，滑块右侧连接有推片，其与偏心轮运动装置螺栓连接。

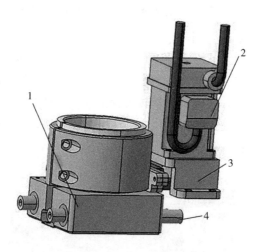

图 7.114　传感器移动装置

（1）偏心轮传动机构

偏心轮传动机构包括 5—偏心轮和 6—推片两部分。通过伺服电机带动偏心轮转动，从而带动推片做往复直线运动，推片与滑块通过螺栓连接，最终实现了将伺服电机的转动转化为滑块的往复直线运动。

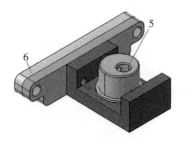

图 7.115　偏心轮传动机构

运动。

（3）圆柱轴轨道

圆柱轴轨道由 7—直线轴承和 8—圆柱轴组成，主要实现的功能：双侧导轨安装在直线轴承内，具有摩擦阻力小，能够保证高精度以及平稳的直线运动。

图 7.116　圆柱轴轨道

（2）滑块

滑块上有两个平行导轨圆通孔，内部装有圆柱轴轨道，通过驱动滑块在圆柱轴轨道运动带动夹持塑料块和传感器运动，从而实现数据的采集过程。

（4）复位弹簧

复位弹簧的主要功能是滑块在复位运动后能够回到初始位置，保证滑块能够产生稳定的运动，使运动质量得以保证。

图 7.117　复位弹簧

7.4.3　划痕测量装置工作原理

7.4.3.1　机构原理

测量探头（点激光位移传感器）安装在位移块上，经由伺服电机带动，沿待测车轴的垂直于轴线方向进行扫描，即沿待测出车轴的轴径方向进行扫描。

7.4.3.2　测量原理

点激光位移传感器采用激光三角测量法能够实时地反馈出传感器与被测物

体间的距离，而本设备利用点激光位移传感器这一特性，为其添加了一个沿垂直于轴线方向的运动位移。因此，可以获得被测物体的一个被测物体垂直于轴线方向的运动位移。因此，可以获得被测物体的一个被测物体信息。当这个截面上存在划痕时，点激光位移传感器反馈的距离离呈现突变，区别于无划痕区域，通过相关算法，即可对划痕信息进行获取，从而实现划痕的测量。

参考文献

中文参考

[1] 曹晓宁. 高速列车转向架测试台 3-六自由度平台运动学及工作空间研究 [D]. 吉林大学，2013.

[2] 戴玉成，张爱武. 三维激光扫描数据快速配准算法研究 [J]. 测绘通报，2010 (6)：8-11.

[3] 点云与影像相结合的建筑物轮廓信息提取.

[4] 董锡明. 高速动车组结构原理和工作特点 [M]. 北京：中国铁道出版社.

[5] 樊国创，戴亚平，闫宁. 基于 RBF 神经网络的高斯混合近似算法 [J]. 系统工程与电子技术，2009，31 (10)：2489-2491＋2526.

[6] 富巍. 地铁转向架综合测试技术 [D]. 南京理工大学，2006.

[7] 高云鹤，张卫华. 新型转向架参数测定试验台的研制 [J]. 电力机车与城轨车辆，2010，33 (1)：37-39.

[8] 葛晓天，卢小平，王玉鹏，等. 多测站激光点云数据的配准方法 [J]. 测绘通报，2010 (11)：15-17.

[9] 谷宗运，谭红春，殷云霞，等. 基于 SURF 和改进的 RANSAC 算法的医学图像配准 [J]. 中国医学影像学杂志，2014，22 (6)：470-475.

[10] 郭艳秀. 高速转向架参数测定试验台电液伺服系统控制方法研究 [D]. 吉林大学，2017.

[11] 洪剑. 列车转向架综合试验台设计研究 [D]. 哈尔滨工业大学，2005.

[12] 胡杰安，彭绍军. 车辆性能参数测试台的应用 [J]. 机车车辆工艺，2002 (6)：40-42.

[13] 黄志勇，陈一民. 基于频域相位相关的自适应光学图像配准算法 [J]. 计算机应用与软件，2016，33 (5)：166-168.

[14] 基于遗传算法的 RBF 神经网络在 GPS 高程拟合中的应用.

[15] John Skiller，张孝仁. 转向架零部件的质量管理——BoMo 监控系统 [J]. 国外机车车辆工艺，2002 (5)：35-39.

[16] 李振红，杨建伟. 一种基于准极坐标的频域图像配准算法 [J]. 计算机工程，2013，39 (5)：248-252.

[17] 卢宁，王筱琲，任丽娜. 基于 WINCC 的机车转向架轴距自动测量系统研究 [J]. 机床与液压，2015 (2)：130-131.

[18] 罗文超，刘国栋，杨海燕. SIFT 和改进的 RANSAC 算法在图像配准中的应用 [J]. 计算机工程与应用，2013，49 (15)：147-149.

[19] 孟禹. 基于采样球和 ICP 算法的点云配准方法研究 [D]. 清华大学，2012.

[20] 潘美虹，郑芹. 基于改进遗传算法的稀疏重构算法 [J/OL]. 计算机应用研究：1-6 [2019-03-02].

[21] Peter PIETROWSKI，云济. 采用新测量技术的转向架测量台 [J]. 国外机车车辆工艺，2004 (3)：36-37.

[22] 史红政. 线结构光视觉传感器标定技术研究 [D]. 大连海事大学，2013.

[23] 宋成林，樊传路，刘君，等. 轨道车辆转向架静载试验台对中装置，CN103454098A [P]. 2013.

[24] 宋卫艳. RANSAC 算法及其在遥感图像处理中的应用 [D]. 华北电力大学（北京），2011.

[25] 孙安斌，马骊群，高廷，乔磊，甘晓川. 高铁转向架在线自动测量系统的研制 [J]. 制造业自动化，2018，40 (12)：1-4＋14.

[26] 温贵森. Partial EIV 模型的方差分量估计及其应用研究 [D]. 东华理工大学，2018.

[27] 王恒刚. 转向架参数台运动平台的姿态检测 [D]. 吉林大学，2013.

[28] 王华，邢春齐，高金刚，等. 点云频域配准的双目双线结构光列车轮对检测 [J]. 光学精密工程，2017，25 (3)：616-624.

[29] 王晏民，胡春梅. 一种地面激光雷达点云与纹理影像稳健配准方法 [J]. 测绘学报，2012，41 (2)：266-272.

[30] 王燕燕，王宏伟. 基于粒子群的后件多项式 RBF 神经网络算法 [J/OL]. 计算机工程与应用：1-8 [2019-03-02].

［31］王银灵，王者，王海. 高铁转向架关键参数自动检测平台设计［J］. 电子技术与软件工程，2018（09）：81-83.

［32］邢春齐. 基于双目线结构光的轮对测量技术研究［D］. 长春工业大学，2017.

［33］许佳佳，张叶，张赫. 基于改进 Harris-SIFT 算子的快速图像配准算法［J］. 电子测量与仪器学报，2015，29（1）：48-54.

［34］严隽耄. 车辆工程［M］. 北京：中国铁道出版社，1999.

［35］杨红粉. 频域技术应用于点云配准研究［D］. 北京建筑大学，2015.

［36］赵长晓，韩永新，郭立春，米佳. CRH380D 型高速列车转向架安装关键尺寸检测［J］. 轨道交通装备与技术，2018（04）：1-3.

［37］赵景堂，杜国明，李秀海. 基于总体最小二乘法的二维坐标转换方法［J］. 黑龙江工程学院学报，2015（1）：21-22.

［38］张见双，张红民，罗永涛，等. 一种改进的 Harris 角点检测的图像配准方法［J］. 激光与红外，2017，47（2）：230-233.

［39］张曦，张健. 线结构光标定方法综述［J］. 激光与光电子学进展，2018.

英文参考

［1］Aksoy T，Demirci S，Degertekin M，et al. Template-based CTA X-ray angio rigid registration of coronary arteries in frequency domain［J］. Medical Physics，2013，8671（10）：101903.

［2］Argyriou V，Tzimiropoulos G. Frequency domain subpixel registration using HOG phase correlation［M］. Elsevier Science Inc. 2017.

［3］B. M. Eikhoff，J. R. Evans，A. J. Minnis. A Review of Modeling Methods for Railway Vehicle Suspension Components. Vehice System Dynamies［J］. 1995，24（5）：469-496.

［4］Besl P J，Mckay N D. A Method for Registration of 3-D Shapes［M］. IEEE Computer Society，1992.

［5］Bouaziz S，Tagliasacchi A，Pauly M. Sparse iterative closest point［C］// Eleventh Eurographics/acmsiggraph Symposium on Geometry Processing. Eurographics Association，2013：113-123.

［6］Bouaziz S，Tagliasacchi A，Pauly M. Sparse iterative closest point［C］// Eleventh Eurographics/acmsiggraph Symposium on Geometry

Processing. Eurographics Association, 2013: 113-123.

[7] Chen C S, Hung Y P, Cheng J B. RANSAC-Based DARCES: A New Approach to Fast Automatic Registration of Partially Overlapping Range Images [J]. IEEE Transactions on Pattern Analysis & Machine Intelligence, 2002, 21 (11): 1229-1234.

[8] Chen J, Wu X, Wang M Y, et al. 3D shape modeling using a self-developed hand-held 3D laser scanner and an efficient HT-ICP point cloud registration algorithm [J]. Optics & Laser Technology, 2013, 45 (1): 414-423.

[9] Hossein-Nejad Z, Nasri M. Image registration based on SIFT features and adaptive RANSAC transform [C] // International Conference on Communication and Signal Processing. IEEE, 2016.

[10] Li tao M A, Yang D, Zhang X H, et al. A New Method for Image Registration Based on Condition Number [J]. Journal of Image & Graphics, 2008, 13 (2): 277-283.

[11] Muñoz F I I, Comport A I. Global Point-to-hyperplane ICP: Local and global pose estimation by fusing color and depth [C] // IEEE International Conference on Multisensor Fusion and Integration for Intelligent Systems. IEEE, 2017: 22-27.

[12] Oliveira F P, Pataky T C, Tavares J M. Registration of pedobarographic image data in the frequency domain. [J]. Computer Methods in Biomechanics & Biomedical Engineering, 2010, 13 (6): 731-740.

[13] Segal A, Hähnel D, Thrun S. Generalized-ICP [C] // DBLP, 2009.

[14] Servos J, Waslander S L. Multi-Channel Generalized-ICP: A robust framework for multi-channel scan registration [J]. Robotics & Autonomous Systems, 2016, 87: 247-257.

[15] Xie J, Hsu Y F, Feris R S, et al. Fine registration of 3D point clouds fusing structural and photometric information using an RGB-D camera [J]. Journal of Visual Communication & Image Representation, 2015, 32 (C): 194-204.

[16] Yang J, Li H, Campbell D, et al. Go-ICP: A Globally Optimal

Solution to 3D ICP Point-Set Registration [J]. IEEE Transactions on Pattern Analysis & Machine Intelligence，2016，38（11）：2241-2254.

[17] Yang S W，Wang C C，Chang C H. RANSAC matching：Simultaneous registration and segmentation [C] // IEEE International Conference on Robotics and Automation. IEEE，2010：1905-1912.